EBC*L Stufe B

Investitionsrechnung

Finanzplanung (Budgetierung)

Finanzierung

Rechtlicher Hinweis:

Das vorliegende Werk einschließlich aller Teile ist urheberrechtlich geschützt. Alle Rechte, auch die der Übersetzung, des Nachdrucks und der Vervielfältigung dieser Unterlage oder von Teilen daraus, sind vorbehalten.

Ohne schriftliche Genehmigung von Easy Business Training GmbH darf kein Teil dieses Dokuments in irgendeiner Form oder auf irgendeine elektronische oder mechanische Weise einschließlich Fotokopieren und Aufzeichnen für irgendeinen Zweck, auch nicht zur Unterrichtsgestaltung, vervielfältigt oder übertragen werden.

Wir möchten darauf hinweisen, dass alle Angaben in diesem Fachbuch trotz sorgfältiger Bearbeitung ohne Gewähr erfolgen und eine Haftung der Autoren oder des Verlages ausgeschlossen ist.

Herausgeber:
Easy Business Training GmbH
1120 Wien
www.easy-business.cc
team@easy-business.cc

Druck:
Prime Rate Kft.
H-1044 Budapest

ISBN 978-3-902730-23-7
Easy Business Training GmbH

ISBN 978-3-902730-35-0 (Buchset EBC*L Stufe B, 2 Bücher)
ISBN 978-3-902730-22-0 (EBC*L Stufe B – Businessplan, Marketing, Verkauf)
ISBN 978-3-902730-23-7 (EBC*L Stufe B – Investitionsrechnung, Finanzplanung (Budgetierung), Finanzierung)

© Auflage 2009-10

Easy Business

- ist die Nummer 1, wenn es um praxisrelevante betriebswirtschaftliche Bildung geht. Es gibt keine effizientere Lösung: In nur wenigen Stunden kann man sich profundes betriebswirtschaftliches Wissen aneignen.
- hat die Welt der betriebswirtschaftlichen Bildung revolutioniert. Ein Thema, das vielfach als kompliziert und theorieüberladen gilt, wird selbst betriebswirtschaftlichen Laien in kürzester Zeit auf unterhaltsame Weise zugänglich gemacht.
- wurde für die Anwendung modernster lernpsychologischer und pädagogischer Erkenntnisse vielfach ausgezeichnet.
- ist das meist eingesetzte, zertifizierte Komplettprogramm zur Vorbereitung auf den **Europäischen Wirtschaftsführerschein, EBC*L**.

Komplettprogramm

Sie können wählen, auf welche Art und Weise Sie sich betriebswirtschaftliches Know how aneignen wollen:

- e-learning: CD-ROM oder Internet (WBT)
- Bücher
- Seminare (nach der Blended Learning-Methode)

Easy Business ist in Deutsch, Englisch und in weiteren Sprachen verfügbar.

Themen

Abgedeckt werden alle aktuellen Themen der EBC*L Lernzielkataloge. Weitere Informationen finden Sie unter: **www.easy-business.cc**

EBC*L Sufe A	EBC*L Sufe B
Bilanzierung	Businessplan
Kennzahlen	Marketing und Verkauf
Kostenrechnung	Investitionsrechnung
Wirtschaftsrecht	Finanzplanung/Budgetierung
	Finanzierung

Hinweis: Das Trainings-Know how von Easy Business wird zudem in Train-the-Trainer-Workshops weiter gegeben. Das Easy Business Trainer-Paket umfasst Trainerleitfaden, Powerpoint-Präsentationen und Lernspiele.

Inhaltsverzeichnis

Einleitung 9

1. INVESTITIONSRECHNUNG 13
1. 1. Verfahren der Investitionsrechnung 15
1. 1. 1. Break-Even-Point. 19
1. 1. 2. Amortisationsrechnung (Pay-Back-Methode). 23
1. 1. 3. Mindestumsatz (Break-Even-Umsatz) 27
1. 1. 4. Kostenvergleichsrechnung 33
1. 1. 4. 1. Kostenvergleichsrechnung bei Neuinvestitionen. 33
1. 1. 4. 2. Kostenvergleichsrechnung bei ErsatzInvestitionen ... 37
1. 1. 5. Gewinnvergleichsrechnung 41
1. 1. 6. Return on Investment (ROI), Rentabilitätsrechnung einer Investition ... 45

1. 2. Statische und dynamische Verfahren der Investitionsrechnung ... 47
1. 2. 1. Kapitalwertmethode (Net Present Value) 50

1. 3. Variable der Investitionsrechnung 53
1. 4. Grenzen der Investitionsrechnung 55
1. 5. Opportunitätskosten 59
Easy Business im Telegramm-Stil: Investitionsrechnung 61

2. FINANZPLANUNG 65
2. 1. Finanzplanung - Überblick 67
2. 1. 1. Das externe Rechnungswesen 67
2. 1. 2. Das interne Rechnungswesen 68

2. 2. Instrumente der Finanzplanung 71
2. 2. 1. Fallbeispiel: Finanzplanung von Schiedsrichter Herzog ... 71
2. 2. 2. Plan-GuV-Rechnung 72
2. 2. 3. Liquiditätsplanung. 72
2. 2. 4. Plan-Bilanz 76
2. 2. 5. Plan-Kennzahlen 77
Easy Business im Telegramm-Stil: Finanzplanung / Budgetierung ... 79

2. 3. Finanzplanung in der Praxis: Budgetierung ... 83
2. 3. 1. Plan-GuV-Rechnung ... 83
2. 3. 2. Plan-Bilanz ... 86
2. 3. 3. Liquiditätsplan ... 87

2. 4. Hauptproblem der Finanzplanung: unsichere Zukunft ... 89

3. FINANZIERUNG ... 91
3. 1. Finanzierung - Grundlagen ... 93
3. 2. Eigenfinanzierung ... 95
3. 2. 1. Junge Aktien ... 95
3. 2. 2. Venture Capital ... 96

3. 3. Fremdfinanzierung ... 97
3. 3. 1. Bankkredit ... 98
3. 3. 2. Kontokorrentkredit ... 98
3. 3. 3. Lieferantenkredit ... 99
3. 3. 4. Leasing ... 100
3. 3. 5. Anleihen ... 101
3. 3. 6. Factoring ... 102

FALLBEISPIEL PROFI-SCHIEDSRICHTER ... 103
4. 1. Fallbeispiel: Profi-Schiedsrichter ... 105
4. 1. 1. Herr Herzog wird Prrofi-Schiedsrichter ... 105
4. 1. 2. Aufgaben: Finanzplanung ... 108
4. 1. 3. Aufgaben: Investitionsrechnung ... 108
4. 1. 4. Aufgaben: Businessplan, Marketing ... 109

GLOSSAR ... 113

Einleitung

Dieses Buch behandelt die Themen „Investitionsrechnung, Finanzplanung und Finanzierung", die gleichzeitig auch Inhalt der EBC*L Stufe B – Teil 2 des Europäischen Wirtschaftsführerscheins sind. Es schließt an das Buch „EBC*L Stufe B – Teil 1" an, das die Themen Businessplan, Marketing und Verkauf sowie Projektplanung beinhaltet.

Bei der Investitionsrechnung und Finanzplanung handelt es sich um die so genannten „Hard facts" eines Businessplans. Auf Basis getroffener Annahmen und Zahlen wird versucht, eine rationale Grundlage für Entscheidungen zu schaffen. Beispiele für zu treffende Entscheidungen sind:

- Soll man in ein neues Produkt investieren?
- Soll man in eine neue Anlage investieren?
- Soll eine alte Anlage durch eine Neue ersetzt werden?
- Zahlt es sich aus, zusätzliches Personal einzustellen?
- Sind Investitionen aus eigener Kraft finanzierbar? Ist die Liquidität ausreichend?
- Wenn nein, wie könnten diese sonst finanziert werden?

Die Betriebswirtschaft hat für solche Fragen folgende Instrumente entwickelt:

- Investitionsrechnungen
- Finanzplanung: Plan-GuV-Rechnung, Plan-Bilanz, Liquiditätsplan
- Kennzahlen
- Finanzierungen

Im Zuge der Lektüre werden Sie erfahren, dass diese Instrumente die Zukunft berechenbarer machen können und daher kein Unternehmen, aber auch kein Privater darauf verzichten sollte.

Zielgruppe dieses Wissens – und somit dieses Buches – ist eigentlich jeder, der etwas unternimmt, was wirtschaftliche Auswirkungen hat, sei es die Gründung eines Unternehmens oder die Organisation einer Feier für den Verein. In der Folge nennen wir derartige Aktivitäten UNTERNEHMUNG. Für jede sollte es einen wirtschaftlich wohl überlegten Plan geben.

Angesprochen sind allerdings auch jene, die Budgets zu erstellen haben. Sie werden nach dem Durcharbeiten dieses Buches ein besseres Verständnis für den Budgetierungsprozess an sich und die damit verbundenen Begriffe haben.

Zu den Zielgruppen zählen daher:

- UnternehmerInnen bzw. GeschäftsleiterInnen von Unternehmen
- UnternehmensgründerInnen
- Führungskräfte mit Budgetierungskompetenz (LeiterInnen von Bereichen, Abteilungen, Kostenstellen und Profit Centern)
- Alle sonstigen Schlüsselkräfte mit Planungskompetenz
- Private, die ihre Projekte (Hausbau, Urlaub, Autokauf …) erfolgreich ans Ziel bringen möchten

Natürlich gehören auch jene zur Zielgruppe, die sich auf die EBC*L Prüfung Stufe B zielgerichtet vorbereiten wollen. Dieses Buch wird Ihnen dazu sicherlich eine gute Hilfestellung leisten.

Gezielte Vorbereitung auf die Prüfung der EBC*L Stufe B

Das **EBC*L Zertifikat (European Business Competence* Licence)** hat sich als international anerkannter Standard der betriebswirtschaftlichen Bildung etabliert. Es bietet die Möglichkeit, genau jenes praxisrelevante betriebswirtschaftliche Kernwissen nachzuweisen, das im Wirtschaftsleben notwendig ist.

Kernstück des EBC*L Zertifizierungssystems ist ein international einheitlicher Lernzielkatalog und eine einheitliche Prüfung. Beides gewährleistet, dass alle, die das EBC*L Zertifikat vorweisen können, über das festgelegte betriebswirtschaftliche Know how verfügen.

Das Buch folgt dem Aufbau des Lernzielkatalogs der EBC*L Stufe B – Teil 2. Herzstück der Stufe B ist der „Businessplan", um dessen Inhalte und Aufbau zahlreiche Planungs- und Analyseinstrumente erklärt werden. Nach der Bearbeitung dieses Buches werden Sie selbst Investitionsberechnungen durchführen und Finanzpläne erstellen können.

Didaktischer Aufbau

Beispiel

Als roter Faden dieses Buches dient die Geschichte von Herrn Herzog. Dieser entschließt sich, eine Karriere als Fußballschiedsrichter einzuschlagen. Er wird in allen Facetten berechnen, ob sich die hohen Ausbildungskosten rentieren können und ob er sich sein neues Hobby bzw. in weiterer Folge seine Unternehmung überhaupt leisten kann.

Anhand dieses sehr einfachen Beispiels wird das allgemein als eher schwierig empfundene Thema „Investitionsrechnung und Finanzplanung" auch für Nicht-Betriebswirte einfach nachvollziehbar. Dies insbesondere dann, wenn man bereits über das Kernwissen der EBC*L Stufe A verfügt.

Im Folgenden finden Sie einen Überblick über die wesentlichsten Grundlagen der Stufe A, auf denen im vorliegenden Band aufgebaut wird. Diese werden im Text nicht mehr separat erläutert. Allerdings können die wesentlichen Begriffe im Glossar, am Ende des Buches, nachgeschlagen werden.

Diese Begriffe sollten Ihnen bereits aus EBC*L Stufe A vertraut sein:

aus dem Kapitel **Bilanzierung**

- Bilanz
- Gewinn- und Verlustrechnung
- sowie alle damit zusammenhängenden Begriffe wie zB Abschreibung, Forderungen, Verbindlichkeiten, Umsatz, Gewinn, Verlust, EGT etc.)

aus dem Kapitel **Unternehmensziele und Kennzahlen**

- Wirtschaftlichkeit
- Rentabilität (Eigenkapital- und Gesamtkapitalrentabilität)
- Liquidität und Liquiditätsgrade
- Produktivität, Umsatzrentabilität

aus dem Kapitel **Kostenrechnung**

- Kostenbegriffe (Kostenarten, -träger, -stellen)
- fixe / variable Kosten
- Deckungsbeitrag
- Profit Center

Layout-Hinweise

- Das Fallbeispiel des ehemaligen Fußballers Herrn Herzog ist an der *Kursivschrift* und am Beispiel-Logo Schiedsrichter am Rand leicht erkennbar.
- Am Rand finden Sie Marginalien, in denen das behandelte Lernziel aufgelistet wird, oder Hinweise auf Beispiele oder Sonstiges gegeben wird.

Beispiel

Zusätzliche Maßnahmen zur besseren Lesbarkeit

➡ Es wurde größter Wert darauf gelegt, das Buch für jede Leserin und für jeden Leser gut lesbar zu machen. Das ist der einzige Grund, warum wir auf die weibliche Ansprache verzichtet haben.

➡ Unternehmen erzeugen und handeln Produkte, Güter, Dienstleistungen. Im Buch wird ausschließlich der Begriff Produkt verwendet. Er dient auch als Synonym für die anderen Angebote eines Unternehmens.

Hinweis

Hinweise zum Umgang mit dem Arbeitsbuch

Bitte sehen Sie das Buch als das, was es sein soll – und zwar als Ihre persönliche Lernunterlage, in der Sie nach Lust und Laune Texte markieren, Antworten in den vorgesehenen Kästchen ausfüllen und Texte einfügen können.

Für Personen mit betriebswirtschaftlichen Vorkenntnissen kann diese Unterlage zur erfolgreichen Vorbereitung auf die EBC*L Prüfung genügen. Für alle anderen empfehlen wir jedoch den Besuch eines Vorbereitungskurses in einem akkreditierten EBC*L Bildungsinstitut.

Sie finden weitere Informationen dazu unter

www.ebcl.eu

www.easy-business.cc

Wir wünschen Ihnen eine angenehme Lektüre und für die Vorbereitung auf die EBC*L Prüfung und für Ihre berufliche Karriere alles Gute!

INVESTITIONSRECHNUNG

Groblernziele:

➤ *Die Ziele der Investitionsrechnung erläutern und Investitionsrechnungen erstellen können.*

➤ *Die Grenzen der Investitionsrechnung erläutern können.*

1. 1. Verfahren der Investitionsrechnung

Lernziele:

➤ *Den Zweck von Investitionsrechnungen erläutern können.*

➤ *Die Verfahren der Investitionsrechnung erläutern können (Überblick).*

➤ *Eine Break-Even-Point-Berechnung durchführen und erläutern können.*

➤ *Eine Amortisationsrechnung durchführen und erläutern können.*

➤ *Eine Mindestumsatz-Berechnung (Break-Even-Umsatz) durchführen und erläutern können.*

➤ *Den Begriff Deckungsbeitragsspanne (bzw. Deckungsgrad) erläutern und berechnen können.*

➤ *Eine Kostenvergleichsrechnung für Neuinvestitionen und Ersatzinvestitionen durchführen und erläutern können.*

➤ *Eine Gewinnvergleichsrechnung durchführen und erläutern können.*

➤ *Den Return on Investment (ROI) einer Investition berechnen und erläutern können.*

➤ *Eine Rentabilitätsvergleichsrechnung durchführen und erläutern können.*

Lernziele

Mit der Investitionsrechnung hat die Betriebswirtschaft den Unternehmen ein wertvolles Instrument zur Verfügung gestellt, um die Zukunft berechenbarer und planbarer zu machen. Sie gibt Antworten auf folgende Fragen:

➤ *Investitionsrechnungen: Zweck und Verfahren*

- Wie viele Stück (= Menge) müssen verkauft werden, damit die Gewinnzone erreicht wird? (= **Break-Even-Point**)
- Wie hoch muss der Mindestumsatz sein, damit die Gewinnzone erreicht wird? (= **Mindestumsatz**)
- Wie lange dauert es, bis die Investitionskosten verdient sind? (= **Amortisationsdauer**)
- Zahlt es sich aus, eine alte Maschine durch eine neue zu ersetzen? (= **Kostenvergleichsrechnung**)
- Welche von mehreren Investitionsalternativen lässt den größten Gewinn erwarten? (= **Gewinnvergleichsrechnung**)
- Wie rentabel ist die Investition? (= **Rentabilitätsrechnung**)

Diese Themen werden anhand des konkreten Beispiels „Schiedsrichter Herzog" Schritt für Schritt bearbeitet.

Dazu vorweg ein Lerntipp: In weiterer Folge werden Sie immer wieder aufgefordert, selbst Berechnungen durchzuführen. Sie können dadurch Ihren Lernerfolg deutlich steigern.

Wir ersuchen Sie dabei, folgende Regel zu beachten: Bitte beschränken Sie sich rein auf die Ihnen vorliegenden Angaben – und vergessen alles weitere, was evtl. Ihrer Meinung nach zusätzlich zu berücksichtigen wäre.

Beispiel

Herr Herzog wird Schiedsrichter:

Der ehemalige Fußballspieler Herzog bekommt vom Fußballverband das Angebot eine Schiedsrichter-Ausbildung zu machen. Diese umfassende Ausbildung kostet 5.000 Euro. Die Schiedsrichterlizenz ist zwei Jahre lang gültig, danach müsste er einen Auffrischungs- und Fortbildungskurs absolvieren.

Nach Absolvierung des Kurses würde er bei den Fußballspielen als Schiedsrichter eingesetzt. Pro Spiel werden 140 Euro und die Verpflegung gezahlt. Die einzigen Kosten, für die Herr Herzog selbst aufkommen muss, sind die Fahrtkosten. Diese betragen pro Spiel durchschnittlich 40 Euro.

Für Herrn Herzog würde das Schiedsrichten bedeuten, dass er seinem Lieblingshobby, dem Fußball spielen, weiterhin eng verbunden bleiben kann. Allerdings ist er nicht unbedingt vermögend und zudem ein kühler Rechner: Sein Hobby soll keinesfalls mehr kosten, als es einbringt.

Daher möchte er wissen, wie oft er überhaupt als Schiedsrichter eingesetzt werden muss, damit zumindest seine Anfangsinvestition in Höhe von 5.000 Euro für die Ausbildung wieder verdient ist.

Ihre Lösung

Können Sie ihm bei dieser Rechnung helfen?

Ihre Lösung

Verfahren der Investitionsrechnung

Lösung

> *Lösung:*
>
> *Ihre Rechnung könnte folgendermaßen aussehen: Sie haben*
>
> ⇒ *die 5.000 Euro Ausbildungskosten durch*
>
> ⇒ *die 140 Euro Einnahmen abzüglich der 40 Euro Fahrtkosten pro Spiel*
>
> *dividiert.*
>
> $$\frac{5.000}{(140 - 40)} = 50 \text{ Einsätze}$$

Wenn Sie die Anzahl von 50 Spielen errechnet haben, dann haben Sie bereits etwas Hervorragendes geschafft.

Sie haben eine Break-Even-Point-Berechnung durchgeführt!

Dabei handelt es sich um eine der wichtigsten Berechnungen der Betriebswirtschaft und um einen der zentralen Begriffe. War doch nicht schwer, oder?

1. 1. 1. BREAK-EVEN-POINT

Der Break-Even-Point beantwortet folgende Frage:

Wie hoch muss die Stückzahl (bzw. die Absatzmenge) sein, damit sämtliche Kosten verdient sind und die Gewinnzone erreicht ist?

▶ *Break-Even-Point*

Die Formel zur Berechnung des Break-Even-Points lautet:

$$\text{Break-Even-Point} = \frac{\text{Investitionskosten}}{(\text{Preis} - \text{variable Kosten})}$$

Notwendige Informationen zur Berechnung des Break-Even-Points sind:
(Beispiel Herr Herzog)

Investitionskosten:	€ 5.000,-
Preis (Verkaufserlös) pro Einheit:	€ 140,-
variable Kosten pro Einheit:	€ 40,-

EBC*L Stufe A Absolventen werden sich an folgendes Berechnungsschema des Deckungsbeitrags erinnern:

	Preis (Verkaufserlös) pro Einheit:	€ 140,-
-	variable Kosten pro Einheit:	€ 40,-
=	Deckungsbeitrag pro Einheit	€ 100,-

Daher kann die Formel zur Break-Even-Point Berechnung auch wie folgt lauten:

$$\text{Break-Even-Point} = \frac{\text{Investitionskosten}}{\text{Deckungsbeitrag pro Einheit}}$$

Verfahren der Investitionsrechnung – Break-Even-Point

Beispiel

Schiedsrichter Herzog:

$$\frac{5.000}{(140-40)} = 50 \text{ Einsätze}$$

Analysieren wir nun, was der Break-Even-Point für Herrn Herzog bedeutet. Der Break-Even-Point von 50 Spielen sagt Folgendes aus:

- *Bis zum 49. Einsatz befindet sich Herr Herzog noch in der Verlustzone.*
- *Mit dem 50. Einsatz steigt er „pari" aus. Er hat den Break-Even-Point erreicht.*
- *Der 51. Einsatz bringt ihn in die Gewinnzone. Jeder weitere Einsatz erhöht dann seinen Gewinn um 100 Euro.*

Für seine Investitionsentscheidung (in die Schiedsrichter-Ausbildung) muss er jetzt nur noch abschätzen, ob er tatsächlich 50 Mal einberufen wird oder nicht.

Um sich abzusichern, könnte er mit dem Verband vertraglich vereinbaren, dass er mindestens 55 Einsätze haben wird.

Der Break-Even-Point kann mit Hilfe einer einfachen Grafik sehr gut veranschaulicht werden:

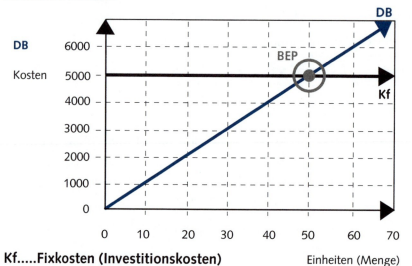

Kf.....Fixkosten (Investitionskosten)

DB...Deckungsbeitrag

BEP...Break-Even-Point

Investitionskosten, Fixkosten

In unserem Schiedsrichter-Beispiel wurde aus didaktischen Gründen bewusst darauf verzichtet, mehrere Kostenpositionen zu berücksichtigen. Aus diesem Grund umfasst der Zähler in der Berechnungsformel des Break-Even-Points auch nur die Investitionskosten.

$$\text{Break-Even-Point} = \frac{\text{Investitionskosten}}{\text{Deckungsbeitrag pro Einheit}}$$

In der Praxis werden jedoch auch Mietkosten, Abschreibungen, Zinszahlungen, vor allem aber auch Personalkosten anfallen. Bei der Berechnung des Break-Even-Points werden dann sämtliche Fixkosten, die in einer bestimmten Periode anfallen, den erzielbaren Deckungsbeiträgen pro Einheit gegenüber gestellt.

$$\text{Break-Even-Point} = \frac{\text{Fixkosten pro Periode}}{\text{Deckungsbeitrag pro Einheit}}$$

Betrachtungszeitraum

Die betrachtete Periode kann frei gewählt werden. Sie kann den gesamten Zeitraum eines Investitionsprojekts umfassen, aber auch auf ein Jahr, einen Monat, einen Tag etc. herunter gerechnet werden.

Beispiel

Beim Schiedsrichter Herzog Beispiel wurde vorhin die gesamte Periode, in der die Lizenz gültig ist, als Betrachtungszeitraum herangezogen. Somit wurde auch die gesamte Ausbildungsinvestition in Höhe von 5.000 Euro als Basis genommen. Würde Herr Herzog wissen wollen, wie viele Einsätze er auf das Jahr bezogen benötigen würde, damit er den Break-Even-Point erreicht, dann sollte er nur die Ausbildungskosten auf ein Jahr gerechnet heranziehen (2.500 Euro).

Beispiel Maschinenkauf: Break-Even-Point für ein Jahr

Wie viele Einheiten müssen in einem Jahr verkauft werden, damit die Investitionskosten (= Abschreibungsrate) sowie die sonstigen Fixkosten (Personal, Zinsen etc.) wieder verdient sind?

1.1.2. AMORTISATIONSRECHNUNG (PAY-BACK-METHODE)

Bei der Amortisationsrechnung wird berechnet, wie lange es dauert (Tage, Monate, Jahre), bis die Kosten einer Investition wieder verdient sind und die Gewinnzone erreicht wird. Dieser Zeitraum wird Amortisationsdauer genannt.

➤ *Amortisations-rechnung*

Beispiel

Schiedsrichter Herzog:

Nachdem Herr Herzog den Break-Even-Point berechnet hat (= 50 Einsätze), möchte er jetzt zusätzlich wissen, wie viele Monate es dauert, bis er die Gewinnzone (= den Break-Even-Point) erreicht hat. Um diesen Zeitraum berechnen zu können, fehlt eine Zusatzangabe, nämlich die in Aussicht gestellten Einsätze pro Monat.

Der Fußballverband stellt ca. 5 Einsätze pro Monat in Aussicht.

Hier nochmals die Eckdaten für das Schiedsrichter-Engagement:

Investitionskosten (bzw. Fixkosten):	€	5.000,-
Preis pro Einheit:	€	140,-
variable Kosten pro Einheit:	€	40,-
Einsätze pro Monat:		5 Spiele

Bitte berechnen Sie die Amortisationsdauer für Herrn Herzog's Schiedsrichter-Ausbildung.

Ihre Lösung

Verfahren der Investitionsrechnung – Amortisationsrechnung (Pay-Back-Methode)

Lösung

Lösung:

Es dauert 10 Monate, bis sich die Investition von Herrn Herzog in seine Schiedsrichter-Ausbildung amortisiert hat. Nach einem Zeitraum von 10 Monaten ist die Gewinnschwelle (= Break-Even-Point) erreicht.

Die Formel zur Berechnung der Amortisationsdauer lautet:

$$\text{Amortisationsdauer} = \frac{\text{Investitionskosten}}{(\text{DB pro Einheit} \times \text{erwartete Absatzmenge pro Periode})}$$

oder alternative Berechnungsvariante (ausgehend vom Break-Even-Point):

$$\text{Amortisationsdauer} = \frac{\text{Break-Even-Point}}{\text{erwartete Absatzmenge pro Periode}}$$

Lösung

Lösung:

Berechnungsvariante 1:

$$\text{Amortisationsdauer} = \frac{5.000}{(100 \times 5)} = 10 \text{ Monate}$$

Berechnungsvariante 2:

$$\text{Amortisationsdauer} = \frac{50}{5} = 10 \text{ Monate}$$

Für Herrn Herzog bedeutet die errechnete Amortisationsdauer von 10 Monaten Folgendes:

➡ Bis inklusive des 9. Monats befindet sich Herr Herzog in der Verlustzone.

➡ Mit Ende des 10. Monats steigt er „pari" aus. Er hat den Break-Even-Point erreicht.

➡ Das 11. Monat bringt ihn dann in die Gewinnzone. Jedes weitere Monat erwirtschaftet er einen Gewinn (genauer formuliert einen Deckungsbeitrag) in Höhe von 500 Euro.

Je früher eine Investition die Gewinnzone erreicht, um so „sicherer" ist die Investition. Würde sich im Beispiel von Herrn Herzog eine andere Investitionsalternative bereits nach 7 Monaten amortisieren, wäre diese zu bevorzugen.

In den Unternehmen wird der Fokus immer mehr auf eine kurze Amortisationsdauer gelegt, was sich auf die immer kürzer werdenden Produktlebenszyklen zurückführen lässt. Beispielsweise gehört ein gerade auf den Markt gebrachtes Handy ein halbes Jahr später schon wieder zum alten Eisen.

Management Talk:
„Wie lange dauert es, bis sich die Investition wieder amortisiert hat?"

1. 1. 3. MINDESTUMSATZ (BREAK-EVEN-UMSATZ)

Neben der erforderlichen Stückzahl kann man auch den notwendigen Mindestumsatz errechnen, ab dem eine Investition die Gewinnzone erreicht.

➤ *Mindestumsatz*

Beispiel

Schiedsrichter Herzog:

Versuchen Sie zu errechnen, wie hoch der Mindestumsatz von Herrn Herzog sein muss, damit seine Ausbildungsinvestition die Gewinnschwelle erreicht. Wir verwenden dazu wieder die bekannten Ausgangsdaten:

Investitionskosten (bzw. Fixkosten):	€	5.000,-
Preis pro Einheit:	€	140,-
variable Kosten pro Einheit:	€	40,-

Der Break-Even-Point wurde mit 50 Einsätzen errechnet.

Ihre Lösung

Verfahren der Investitionsrechnung – Mindestumsatz (Break-Even-Umsatz)

Lösung

Lösung:

Es gibt zwei Varianten zur Berechnung des Mindestumsatzes:

Variante 1:

Mindestumsatz = Break-Even-Absatzmenge x Preis pro Einheit

Schiedsrichter Herzog:

Mindestumsatz = 50 Einsätze x 140 Euro = 7.000 Euro

Variante 2: Diese besteht aus drei Schritten.

Schritt 1: Berechnung des Deckungsbeitrags pro Einheit

	Preis pro Einheit	€	140,-
−	*variable Kosten pro Einheit*	€	40,-
=	*Deckungsbeitrag pro Einheit*	€	100,-

➤ *Deckungsbeitragsspanne*

Schritt 2: Berechnung der Deckungsbeitragsspanne in %

Dieser Prozentsatz ergibt sich, indem der Deckungsbeitrag pro Einheit (DB) ins Verhältnis zum Umsatz (Preis) pro Einheit gesetzt und mit hundert multipliziert wird.

$$\text{Deckungsbeitragsspanne in \%} = \frac{DB}{Umsatz} \times 100$$

$$DB \text{ in \%} = \frac{100}{140} \times 100 = 71{,}40\,\%$$

Das bedeutet, dass von 100 Euro Umsatz 71,40 Euro als Deckungsbeitrag übrig bleiben. Demgemäß sind 28,60 Euro für variable Kosten aufzuwenden.

Schritt 3: Berechnung des Mindestumsatzes durch folgende Formel:

$$\text{Mindestumsatz} = \frac{\text{Investitionskosten}}{\text{DB in \%}}$$

$$\text{Mindestumsatz} = \frac{5.000}{71,40\%} = 7.000 \text{ Euro}$$

Aus beiden Berechnungsvarianten ist ersichtlich, dass der zu erreichende Mindestumsatz 7.000 Euro betragen muss. Dieser übersteigt die Investitionssumme um 2.000 Euro. Welche Erklärung gibt es dafür?

Umsatz ist nicht gleich Gewinn

Hier schlägt wieder der Grundsatz **Umsatz ist nicht gleich Gewinn** zu Buche. Von den 140 Euro Umsatz, die pro Einsatz erwirtschaftet werden, müssen ja die Fahrtkosten (= variable Kosten) abgezogen werden.

Der zu erzielende Umsatz muss umso höher sein, je geringer die Deckungsbeitragsspanne ist (das bedeutet, je mehr die variablen Kosten vom Umsatz „abknabbern").

Schiedsrichter Herzog:

Wie hoch wäre der zu erzielende Mindestumsatz, wenn (durch größere Distanzen, die Herr Herzog pro Spiel zurücklegen muss, sowie durch gestiegene Benzinpreise) die Fahrtkosten auf 120 Euro pro Einsatz in die Höhe schnellen würden?

Beispiel

Ihre Lösung

Verfahren der Investitionsrechnung – Mindestumsatz (Break-Even-Umsatz)

Lösung

Lösung:

Schritt 1: *Berechnung des neuen Deckungsbeitrags pro Einheit*

	Preis pro Einheit	€	140,-
-	*variable Kosten pro Einheit*	€	120,-
=	*Deckungsbeitrag pro Einheit*	€	20,-

Schritt 2: *Berechnung der Deckungsbeitragsspanne*

$$DB\ in\ \% = \frac{20}{140} \times 100 = 14{,}30\ \%$$

Schritt 3: *Berechnung des Mindestumsatzes*

$$Mindestumsatz = \frac{5.000}{14{,}30\ \%} = 35.000\ Euro$$

Das Ergebnis ist dramatisch! Es müsste ein Umsatz von 35.000 Euro erwirtschaftet werden, um die Investitionskosten von 5.000 Euro wieder verdient zu haben.

Solche dramatischen Ergebnisse sind im täglichen Wirtschaftsleben viel öfter anzutreffen, als man denkt, und obwohl das Grundprinzip „Umsatz ist nicht gleich Gewinn" eine einfache Logik darstellt, wird doch immer wieder darauf vergessen.

Mindestumsatz (Break-Even-Umsatz) – Verfahren der Investitionsrechnung

Dazu ein weiteres Beispiel, das in der Praxis durchaus so vorkommen könnte:

Beispiel

> Der Buchhändler „Books" hat eine Deckungsbeitragsspanne in Höhe von 25 % (= der Einkaufsrabatt, den ihm die Verlage gewähren):
>
> Basierend darauf werden für verschiedene Aufwendungen die Mindestumsätze errechnet.
>
> a) Das Unternehmen investiert in eine neue Computeranlage, deren Kosten sich auf 10.000 Euro belaufen.
>
> ➡ Der erforderliche zusätzliche Mindestumsatz, um diese Investition zu decken, beträgt 40.000 Euro.
>
> b) „Books" investiert in einen neuen Mitarbeiter. Dieser verursacht Lohnkosten in Höhe von 30.000 Euro pro Jahr.
>
> ➡ Oft glaubt nicht nur der Mitarbeiter selbst, dass es genügt, einen zusätzlichen Umsatz in Höhe von 30.000 Euro zu erwirtschaften, um seine Lohnkosten verdient zu haben. In Wahrheit muss ein zusätzlicher Umsatz in Höhe von 120.000 Euro erwirtschaftet werden.
>
> c) Ein Großkunde von „Books" geht in Konkurs. Die offene Forderung beträgt 2.000 Euro.
>
> ➡ Der notwendige zusätzliche Mindestumsatz, um diesen Schaden wieder verdient zu haben, beträgt 8.000 Euro.

1. 1. 4. KOSTENVERGLEICHSRECHNUNG

Bei Anschaffungen kann zwischen Neuinvestitionen und Ersatzinvestitionen unterschieden werden: Bei einer **Neuinvestition** wird ein Verfahren erstmals eingeführt oder eine Maschine, in die investiert werden soll, erstmalig angeschafft.

Bei einer **Ersatzinvestition** wird ein bestehendes Verfahren durch ein Neues ersetzt bzw. eine vorhandene Maschine durch eine Neue ausgewechselt.

In beiden Fällen stellen die Kosten einen der wesentlichen Entscheidungsfaktoren dar:

1. 1. 4. 1. KOSTENVERGLEICHSRECHNUNG BEI NEUINVESTITIONEN

Meistens wird man bei Neuinvestitionen „die Qual der Wahl" zwischen verschiedenen Alternativen haben. Hier geht es darum, diejenige Variante auszuwählen, die in Summe die geringsten Kosten verursacht.

➤ *Kostenvergleichsrechnung bei Neuinvestitionen*

Bei einer Kostenvergleichsrechnung kann sich herausstellen, dass eine Investition, die zwar

- höhere Anschaffungskosten als eine andere Alternative hat,
- sich durch Einsparungen, die sich aus geringeren laufenden Kosten (= variable Kosten) ergeben,

bezahlt machen kann.

Beispiel

Schiedsrichter Herzog:

Herrn Herzogs Auto ist schon in die Jahre gekommen. Da er für seinen Schiedsrichter-Job viel unterwegs sein wird, möchte er sich einen neuen Wagen kaufen. Seine Frau kann dann den Alten verwenden, der ihr für die kürzeren Stadtfahrten gute Dienste leisten wird.

Herr Herzog träumt schon lange von einem Sport-Geländewagen und holt sich mehrere Angebote dazu ein. Letztendlich bleiben zwei Modelle übrig:

Verfahren der Investitionsrechnung – Kostenvergleichsrechnung – Neuinvestition

Beispiel

	Modell „Billig"	Modell „Teuer"
Anschaffungskosten	20.000 Euro	24.000 Euro
variable Kosten (Benzin etc.)	0,45 Cent pro km	0,30 Cent pro km

Die Gegenüberstellung der Kosten zeigt, dass er für das teurere Modell um 4.000 Euro mehr an Anschaffungskosten zu bezahlen hat, dafür aber dann um 15 Cent weniger an variablen Kosten pro Kilometer kalkulieren muss.

Für welches Modell sollte er sich entscheiden?

Ihre Lösung

Ihre Lösung

Verfahren der Investitionsrechnung – Kostenvergleichsrechnung – Neuinvestition

Lösung

Lösung:

Bei dieser Rechnung müssen in einem ersten Schritt sämtliche Kosten der verschiedenen Alternativen miteinander verglichen bzw. gegenübergestellt werden.

Der Investitionskostenvergleich stellt sich wie folgt dar:

Kaufpreis Modell „Teuer" € 24.000,–
- *Kaufpreis Modell „Billig"* € 20.000,–
= *Kaufpreisdifferenz* € 4.000,–

Die Kostenersparnis pro gefahrenem Kilometer beträgt:

variable Kosten Modell „Billig" pro km € 0,45
- *variable Kosten Modell „Teuer" pro km* € 0,30
= *Kostenersparnis (Gewinn) pro Kilometer* € 0,15

In einem zweiten Schritt wird berechnet, ab wann (wie viele gefahrene Kilometer)

➡ die höheren Investitionskosten durch

➡ die Einsparung, die sich aus den geringeren variablen Kosten ergibt,

gedeckt sind.

Dividiert man nun die Kaufpreisdifferenz durch die Ersparnis bei den variablen Kosten pro Kilometer, dann ergibt sich folgender Wert:

$$\text{Break-Even-Point} = \frac{4.000}{0,15} = 26.667 \text{ km}$$

Das bedeutet: Mit dem 26.667sten Kilometer ist der Break-Even-Point der Investition in das teurere Auto erreicht. Da Herr Herzog rechnet, dass er mit dem Auto über die gesamte Laufzeit hinweg mindestens 120.000 Kilometer zurücklegen wird, ist für ihn die Entscheidung klar. Er wird in das Modell „Teuer" investieren.

1.1.4.2. KOSTENVERGLEICHSRECHNUNG BEI ERSATZINVESTITIONEN

Bei manchen Investitionsentscheidungen geht es darum herauszufinden, ob es sich auszahlt, eine bestehende, in die Jahre gekommene Maschine zu behalten oder durch eine neue Maschine zu ersetzen (= Ersatzinvestition). Die Gründe für eine solche Überlegung liegen an den geringeren, laufenden Kosten, die eine neue Maschine verursacht, am höheren Reparaturaufwand der älteren Modelle, an der Leistungsfähigkeit etc.

▶ *Kostenvergleichsrechnung bei Ersatzinvestitionen*

Beispiel

Auch Herr Herzog muss in unserem Beispiel eine solche Entscheidung treffen:

Herr Herzog hat sich vor drei Jahren ein neues Auto gekauft, das über eine hohe PS-Zahl verfügt und viel Fahrkomfort bietet, das allerdings auch einen entsprechend hohen Spritverbrauch hat. 14 Liter Benzin verschlingt der Bolide auf 100 Kilometer. Trotz der ohnehin bereits stolzen Benzinpreise war dies bislang finanziell noch tragbar. Da in letzter Zeit die Benzinpreise zum wiederholten Male angehoben wurden, will sich Herr Herzog den hohen, vor allem aber teuren Spritverbrauch nicht mehr leisten. Er muss bereits mit durchschnittlich 50 Euro Fahrtkosten pro Einsatz rechnen.

Daher ist Herr Herzog auf der Suche nach einem Auto mit sparsamerem Verbrauch. Das findet er auch bald. Das Hybridauto, das er ins Auge fasst, benötigt nur 6 Liter Benzin pro 100 Kilometer. Die Fahrtkosten pro Einsatz würden sich daher auf günstige 28 Euro reduzieren. Allerdings kostet das Hybridauto 16.000 Euro, obwohl es nur ein Kleinwagen ist. Für sein altes Auto würde er nach langen Verhandlungen 13.800 Euro bekommen.

Würde sich die Investition in das neue Auto rechnen?

Ihre Lösung

Verfahren der Investitionsrechnung – Kostenvergleichsrechnung – Ersatzinvestition

Lösung

Lösung:

Bei dieser Rechnung müssen in einem ersten Schritt

- ➡ die Netto-Investitionskosten ermittelt
- ➡ und der Gewinn pro Einsatz (der Ersatzinvestition) errechnet werden. Der Gewinn besteht in diesem Fall aus der Ersparnis an variablen Kosten (sprich Benzinkosten) pro Einsatz.

Die Investitionskosten betragen:

	Kaufpreis Auto „neu"	€	16.000,–
-	*Verkaufserlös Auto „alt"*	€	13.800,–
=	*Netto-Investitionsbetrag*	€	2.200,–

Die Kostenersparnis pro Einsatz beträgt:

	Fahrtkosten Auto „alt" pro Einsatz	€	50,–
-	*Fahrtkosten Auto „neu" pro Einsatz*	€	28,–
=	*Kostenersparnis (Gewinn) pro Einsatz*	€	22,–

In einem zweiten Schritt werden die Netto-Investitionskosten der Kostenersparnis pro Einsatz gegenübergestellt. Dividiert man den erforderlichen Investitionsbetrag durch die Kostenersparnis, errechnet sich folgender Wert:

$$\text{Break-Even-Point} = \frac{2.200}{22} = 100 \text{ Einsätze}$$

Das bedeutet: ab dem hundertsten Einsatz ist der Break-Even-Point der Investition in das neue Auto erreicht. Da Herr Herzog davon überzeugt ist, dass er mehr als hundert Mal als Schiedsrichter eingesetzt wird, entschließt er sich zum Kauf des Hybridautos, und beruhigt damit auch gleichzeitig sein „Umwelt-Gewissen".

Die Vorgehensweise bei der Kostenvergleichsrechnung (für eine Ersatzinvestition) ist somit Folgende:

1. Berechnung der Netto-Investitionskosten

```
   Kaufpreis „neu"
-  Verkaufserlös „alt"
=  Netto-Investitionskosten
```

2. Berechnung der Ersparnis der variablen Kosten pro Einheit

```
   variable Kosten „alt" pro Einheit
-  variable Kosten „neu" pro Einheit
=  Kostenersparnis (Gewinn) pro Einheit
```

3. Division der Netto-Investitionskosten durch die Kostenersparnis pro Einheit

$$\text{Break-Even-Point} = \frac{\text{Netto-Investitionskosten}}{\text{Kostenersparnis (Gewinn) pro Einheit}}$$

4. Abschätzung, ob der Break-Even-Point erreicht werden kann

1. 1. 5. GEWINNVERGLEICHSRECHNUNG

Gerade noch den Break-Even-Point erreicht zu haben, ist zu wenig. Eine Investition soll auch einen angemessenen Gewinn erzielen. Verfügt man über mehrere Investitionsmöglichkeiten, dann sollte man sich rationaler Weise für jene entscheiden, die den höheren Gewinn abwirft.

▶ *Gewinnvergleichsrechnung*

Beispiel

Schiedsrichter Herzog:

Die bekannten Ausgangsdaten für das Schiedsrichter-Engagement lauten:

Investitionskosten in die Ausbildung:	€	*5.000,–*
Preis pro Einsatz:	€	*140,–*
variable Kosten pro Einsatz:	€	*40,–*
Deckungsbeitrag pro Einsatz:	€	*100,–*
Break-Even-Point		*50 Einsätze*

Der Fußballverband stellt in Aussicht, dass Herr Herzog – sollte er sich bewähren – bis zum Ablauf der Lizenz in zwei Jahren (diese muss dann mit einem neuen Kurs wieder aufgefrischt werden) bis zu 80 Mal eingesetzt werden könnte. Für Herrn Herzog ist klar, dass diese Zahl den Break-Even-Point bei Weitem überschreiten würde.

Wie sieht es allerdings mit dem Gewinn aus, den er damit erzielen kann?

Ihre Lösung

Verfahren der Investitionsrechnung – Gewinnvergleichsrechnung

Lösung

Lösung:

Zur Berechnung des Gewinns werden den Investitionskosten in Höhe von 5.000 Euro die erzielbaren Deckungsbeiträge gegenüber gestellt. Der gesamte Deckungsbeitrag errechnet sich, indem man den Deckungsbeitrag pro Einsatz mit der voraussichtlichen Anzahl an Spielen multipliziert:

	Deckungsbeitrag pro Einsatz	€	100,–
x	*Einsätze (Menge)*		80 Spiele
=	*Deckungsbeitrag gesamt*	€	8.000,–

Um den Gewinn zu ermitteln, müssen jetzt nur noch die Investitionskosten vom Gesamt-Deckungsbeitrag abgezogen werden:

	Deckungsbeitrag gesamt	€	8.000,–
-	*Investitionskosten*	€	5.000,–
=	*Gewinn **	€	3.000,–

* *Gewinn:* Der Begriff Gewinn kann nur unter der Einschränkung verwendet werden, dass keine Overheadkosten zu tragen sind. Richtiger wäre der Begriff „Deckungsbeitrag".

Beispiel

Schiedsrichter Herzog - Gewinnvergleichsrechnung (Fortsetzung):

Herr Herzog ist mit 3.000 Euro Gewinn hoch zufrieden. Er möchte sich bereits zum Schiedsrichter-Kurs des Fußballverbands anmelden, als er von einem Bekannten hört, dass der Handballverband angeblich viel besser zahlen würde. Herr Herzog holt Informationen ein und bekommt folgendes Angebot: Die Ausbildungskosten betragen 7.000 Euro (und liegen damit um 2.000 Euro über jenen des Fußballverbands). Dafür wird ein Einsatz mit 180 Euro abgegolten. Die Lizenz ist drei Jahre lang gültig, und während dieses Zeitraums werden 90 Einsätze in Aussicht gestellt.

Das klingt für's Erste sehr gut, meint Herr Herzog und tendiert dazu, sich für den Handballverband zu entscheiden. Doch dann sieht er sich noch die Einsatzorte an. Diese liegen viel weiter verstreut als beim Fußball. Er muss daher mit Fahrtkosten von durchschnittlich 60 Euro pro Einsatz kalkulieren.

Wie sieht die Gewinnrechnung für das Handball-Angebot aus?

Ihre Lösung Handball

Verfahren der Investitionsrechnung – Gewinnvergleichsrechnung

Lösung

Lösung:

	Preis pro Einsatz:	€	180,–
−	*variable Kosten pro Einsatz*	€	60,–
=	*Deckungsbeitrag pro Einsatz*	€	120,–
×	*Einsätze: 90 Spiele*		
=	*Deckungsbeitrag gesamt*	€	10.800,–

	Deckungsbeitrag gesamt	€	10.800,–
−	*Investitionskosten*	€	7.000,–
=	*Gewinn*	€	3.800,–

Das bedeutet, dass er beim Handball um immerhin 800 Euro mehr verdienen könnte als beim Fußball. Soll er sich nun für den Handball entscheiden?

Eine Antwort darauf finden Sie im folgenden Kapitel.

1. 1. 6. RETURN ON INVESTMENT (ROI), RENTABILITÄTSRECHNUNG EINER INVESTITION

Auch für eine Investition gilt folgendes Prinzip: Sie muss rentabel sein.

Das bedeutet, sie sollte eine höhere Verzinsung erwirtschaften als eine vergleichbare risikolose Anlageform (zB wenn man das Geld auf ein Sparbuch legt). Hat man die Wahl zwischen zwei Investitionsvorhaben, wird man sich für die rentablere Alternative entscheiden (siehe dazu auch EBC*L Stufe A – Kennzahlen).

Zur Berechnung der Rentabilität einer Investition - den Return on Investment (ROI) - setzt man den erwarteten Gewinn ins Verhältnis zum investierten Kapital.

▶ *ROI einer Investition*

$$ROI = \frac{Gewinn}{investiertes\ Kapital} \times 100$$

Schiedsrichter Herzog: Rentabilitätsvergleich

Herr Herzog hat für das Angebot des Fußballverbands einen möglichen Gewinn in Höhe von 3.000 Euro errechnet. Die Investitionssumme in die Schiedsrichter-Ausbildung beträgt 5.000 Euro.

Beispiel

$$ROI = \frac{3.000}{5.000} \times 100 = 60\ \%$$

Ein ROI (Return on Investment) in Höhe von 60 % stellt zweifelsohne eine hervorragende Verzinsung dar, die er wohl kaum mit einer anderen Veranlagungsform erzielen kann.

▶ *Rentabilitätsvergleichsrechnung*

Oder bietet ihm das Angebot des Handballvereins eine bessere Verzinsung?

Ihre Lösung Handball

Return on Investment (ROI), Rentabilitätsrechnung einer Investition

Lösung

Lösung:

$$ROI = \frac{3.800}{7.000} \times 100 = 54\ \%$$

Der ROI beim Handball-Angebot liegt bei 54 % und ist somit um 6 % niedriger als jener beim Fußball. Somit ist das Angebot des Fußballverbands doch das attraktivere. Herr Herzog ist erleichtert über dieses Ergebnis. Der Fußball liegt ihm persönlich doch viel mehr am Herzen.

Hinweis

Hinweis:

Die ROI-Formel wird in der Literatur vielfach auch folgendermaßen angegeben:

$$ROI = \frac{Gewinn + Zinsen}{Gesamtkapital}$$

Die Berücksichtigung von Fremdkapitalzinsen ist dann wichtig, wenn Investitionsobjekte verglichen werden, die einen unterschiedlichen Einsatz an Eigen- und Fremdkapital erfordern (nicht Lernzielkatalog-relevant).

1.2. Statische und dynamische Verfahren der Investitionsrechnung

Lernziel:

➤ *Den Unterschied zwischen statischen und dynamischen Investitionsrechnungsverfahren erläutern können.*

Auf den vorhergehenden Seiten wurden folgende Investitionsrechnungsverfahren vorgestellt:

- Break-Even-Point
- Amortisationsdauer
- Break-Even-Umsatz
- Kostenvergleichsrechnung
- Gewinnvergleichsrechnung
- Return on Investment (ROI)

Dabei handelt es sich um so genannte **statische Verfahren**. „Statisch" deshalb, weil sie den Zeitfaktor unberücksichtigt lassen. Das bedeutet, es wird nicht berücksichtigt, dass

- die Investition **heute bezahlt** werden muss
- die **Einnahmen** allerdings erst **in der Zukunft** fließen.

Dieser Zeitfaktor wird bei den komplexeren **dynamischen Investitionsrechnungsverfahren** berücksichtigt.

Lernziel

➤ *Übersicht Investitionsrechnungsverfahren*

Beispiel:

Angenommen, der Forscher Herr Wurzel, hat ein tatsächlich wirksames Haarwuchsmittel entwickelt. Um dieses marktreif zu machen, benötigt er eine Anfangsinvestition in Höhe von einer Million Euro. Nach fünf Jahren Entwicklungsarbeit rechnet er damit, das Patent an ein Pharmaunternehmen um 1,2 Millionen Euro verkaufen zu können.

Beispiel

Statische und dynamische Verfahren der Investitionsrechnung

➤ *Statische Investitionsrechnung*

Beispiel

Statische Investitionsrechnung

Errechnet Herr Wurzel den Gewinn und den ROI ergeben sich folgende Werte:

Gewinn:

	Verkaufserlös	€	1,200.000,–
-	Investitionskosten	€	1,000.000,–
=	Gewinn	€	200.000,–

Return on Investment, **ROI:**

$$ROI = \frac{200.000}{1,000.000} = 20\,\%$$

Ein Gewinn in Höhe von 200.000 Euro und ein ROI in Höhe von 20 % - das zahlt sich schon aus, oder?

Nicht, wenn man den Zeitfaktor und den Zinseszins-Effekt berücksichtigt.

➤ *Dynamische Investitionsrechnung*

Dynamische Investitionsrechnung

Bei Anwendung der dynamischen Investitionsrechnung würde man einkalkulieren, dass

➡ Herr Wurzel **heute** 1,000.000 Euro investieren muss

➡ und die 200.000 Euro Gewinn erst **in fünf Jahren** erzielt.

Beispiel

Würde Herr Wurzel die eine Million woanders anlegen, ergäbe das selbst bei einem sehr vorsichtig angesetzten Zinssatz von 5 % in fünf Jahren einen Gewinn von 276.000 Euro. Seine Million würde sich auf 1,276.000 Euro erhöhen.

Bei einem angenommenen Zinssatz von 20 % würde der Gewinn nach fünf Jahren satte 1,488.000 Euro ausmachen. Sein Kapital würde sich auf 2,488.000 Euro belaufen und sich damit mehr als verdoppeln.

Man könnte es auch anders herum betrachten:

Beispiel

Will Herr Wurzel wissen, wie viel Kapital er benötigt, um nach fünf Jahren auf ein Gesamtkapital von 1,200.000 Euro zu kommen, müsste er diesen Betrag auf fünf Jahre diskontieren (abzinsen). Bei einer erwünschten Rendite von 20% ergäbe sich ein notwendiges Startkapital von lediglich 482.000 Euro.

Bei diesem zuletzt berechneten, diskontierten Wert handelt es sich um den so genannten **Kapitalwert**.

Der Kapitalwert ist jener Wert, den zukünftige Einnahmen bzw. Geldflüsse zum jetzigen Zeitpunkt besitzen.

Es gibt verschiedene **Methoden der dynamischen Investitionsrechnung**: Zu den bekanntesten gehören:

- die Kapitalwertmethode
- die Methode des internen Zinsfußes
- die Annuitätenmethode

Die eingehendere Behandlung dieser Themen ist jedoch der weiterführenden Literatur und vertiefenden Seminaren vorbehalten.

1. 2. 1. KAPITALWERTMETHODE (NET PRESENT VALUE)

(Nicht prüfungsrelevant)

Die Kapitalwertmethode zur Berechnung von Investitionen besteht aus folgenden Schritten:

1. Man überlegt sich, welchen Zinssatz man für eine Investition als angemessene Rendite erachtet (= Diskontierungsfaktor). Dieser Wert wird von der Verzinsung anderer Veranlagungsmöglichkeiten, aber auch vom Risiko der Investition abhängen.

    → *für eine riskante Investition in ein neues Forschungsprojekt könnte man beispielsweise eine Verzinsung von 20 % ansetzen (es könnten aber auch 10, 40 oder 50 % angesetzt werden)*

2. In weiterer Folge ermittelt man den Überschussbetrag aus den Einzahlungen und Auszahlungen (= Cash flow), den man in den Folgejahren erwirtschaftet (ohne den Betrag der Anfangsinvestition).

    → *in unserem sehr vereinfachten Beispiel ist das ein einmaliger Betrag in Höhe von 1,200.000 Euro*

3. Dieser Wert wird nun mit dem Diskontierungsfaktor abgezinst. Dazu gibt es Berechnungsformeln, aber auch Abzinsungstabellen (siehe dazu die weiterführende Literatur). Der auf diese Weise errechnete Betrag wird Kapitalwert (Barwert bzw. Net Present Value, NPV) genannt.

    → *in unserem Beispiel ergibt sich ein Kapitalwert in Höhe von 482.000 Euro*

4. Vom Kapitalwert wird dann der Investitionsbetrag abgezogen. Ergibt sich hier ein positiver Wert, dann ist die Investition rentabel. Ist der Wert negativ, dann zahlt sich die Investition unter den gegebenen Annahmen nicht aus.

	Kapitalwert	€	482.000,–
-	Investitionsbetrag	€	1,000.000,–
=	Ergebnis	€	- 518.000,–

Der errechnete Betrag ist deutlich negativ. Daher sollte man die Investition entweder bleiben lassen …

… oder überprüfen, ob die Möglichkeit besteht, an den **Variablen** zu „drehen".

Veränderbare Größen können sein:

- Verringerung der Investitionssumme
    - zB von 1,000.000 auf 800.000 Euro
- Erhöhung der erwarteten Einnahmen
    - zB von 1,200.000 auf 1,400.000 Euro
- Verkürzung des Zeitraumes, ab dem die Einnahmen fließen
    - zB von 5 Jahren auf 3 Jahre
- Senkung des Abzinsungssatzes (Diskontierungssatz)
    - zB von 20% auf 15%

Unter diesen geänderten Annahmen würde der Kapitalwert 920.000 Euro betragen. Da die erforderliche Investitionssumme nur mehr 800.000 Euro beträgt, ergibt die Gegenüberstellung ein Plus.

	Kapitalwert	€	920.000
-	Investitionsbetrag	€	800.000
=	Ergebnis	€	+ 120.000

1. 3. Variable der Investitionsrechnung

Lernziele:

➤ *Den Begriff „Variable der Investitionsrechnung" erläutern können und darlegen können, welche Auswirkungen die Änderung der Variablen haben können.*

Lernziele

➤ Variable der Investitionsrechnung

Die Ergebnisse der Investitionsrechnung hängen von den getroffenen Annahmen (= den Variablen) ab. Werden einzelne Variablen geändert, können sich dadurch völlig andere Schlussfolgerungen ergeben.

Zur Erläuterung gehen wir wieder zum Break-Even-Point zurück. Die Formel zur Berechnung des Break-Even-Points lautet:

$$\text{Break-Even-Point} = \frac{\text{Investitionskosten}}{(\text{Preis} - \text{variable Kosten})}$$

Beispiel

Für das Beispiel des Schiedsrichters Herzog bedeutete das:

$$\frac{5.000}{(140 - 40)} = 50 \text{ Einsätze}$$

Nehmen wir an, der Fußballverband könnte Herrn Herzog nur garantieren, dass er 35 Mal eingesetzt werden wird (und nicht die erforderlichen 50 Einsätze, die zum Erreichen des Break-Even-Points notwendig wären).

Herrn Herzog liegt das Schiedsrichter-Projekt ziemlich am Herzen. Allerdings ist er auch ein kühler Rechner. Was könnte er Ihrer Meinung nach daher tun?

Ihre Lösung

Variable der Investitionsrechnung

Lösung

Lösung: Herr Herzog könnte versuchen

- *eine Senkung der Ausbildungskosten zu bewirken, und statt 5.000 Euro nur 4.000 Euro zu bezahlen,*
- *eine Erhöhung des gebotenen Preises pro Einsatz zu erreichen, und statt 140 Euro eine Zahlung von 160 Euro zu fordern,*
- *eine Senkung der Fahrtkosten herbeizuführen - durch die Benützung öffentlicher Verkehrsmittel könnte er auf durchschnittlich 30 statt 40 Euro pro Einsatz kommen.*

Sehen wir uns an, welche Auswirkungen diese Änderungen auf den Break-Even-Point hätten:

$$\text{Break-Even-Point} = \frac{4.000}{(160 - 30)} = 31 \text{ Einsätze}$$

Unter diesen Voraussetzungen wäre der Break-Even-Point bereits bei rund 31 Einsätzen erreicht. Die garantierten 35 Einsätze würden daher ausreichen, damit Herr Herzog in die Gewinnzone gelangt.

Um dieses Ergebnis zu erreichen, hat Herr Herzog an den Variablen (= veränderbare Größen) der Break-Even-Point Berechnung „gedreht". Dazu gehören

- die Investitionskosten (wurden gesenkt)
- der Preis (wurde erhöht) und
- die variablen Kosten (wurden gesenkt)

Ein solches Unterfangen macht natürlich nur dann Sinn, wenn sich diese Größen auch tatsächlich verändern lassen und die Annahmen realistisch bleiben.

Hinweis

Hinweis: Es soll Personen (Manager, Unternehmensgründer etc.) geben, die diese Praxis des „Gesundrechnens" von Projekten, die ihnen wichtig sind, perfekt beherrschen. Natürlich gibt es auch die umgekehrte Methode des „Krankrechnens" von ungeliebten Projekten.

1. 4. Grenzen der Investitionsrechnung

Lernziel:

➤ *Grenzen und Probleme der Investitionsrechnung erläutern können.*

Lernziele

➤ *Grenzen der Investitionsrechnung*

Hauptproblem Zukunft

Bei Investitionsrechnungen handelt es sich immer um Zukunftsannahmen, was die einzelnen Faktoren Preis und Kosten betrifft. Dem entsprechend besteht die Gefahr, dass das berechnete Ergebnis vollkommen daneben liegt, wenn

- die Investitionskosten und die in weiterer Folge anfallenden Fixkosten zu gering oder zu hoch angesetzt wurden
- zu optimistische oder pessimistische Erwartungen über den erzielbaren Preis (Verkaufserlös) getroffen wurden
- mit zu geringen oder zu hohen variablen Kosten kalkuliert wurde (zB niedrige Rohstoff- oder Energiekosten)

So lange die Glaskugel, die die Zukunft verlässlich verrät, noch nicht erfunden ist, wird es immer den Unsicherheitsfaktor Zukunft geben. Dazu gehören Preissenkungen genauso wie mögliche Kostenerhöhungen. Daher wird das unternehmerische Risiko stets zu tragen sein.

Beispiel

Schiedsrichter Herzog:

Es besteht weder eine Garantie, dass in Zukunft der Preis pro Einsatz nicht gesenkt wird (zB auf 120 Euro), noch dass die Benzinpreise gleich bleiben. Bei einer drastischen Benzinpreiserhöhung steigen auch die Fahrtkosten (zB auf 60 Euro). Würde beides eintreten, dann ergäbe die Rechnung ein ganz anderes Bild.

Nicht in Geld bewertbare „Soft Facts"

Für Spaß, Familienglück und Ähnliches gibt es keine betriebswirtschaftliche (= rechnerische) Lösung. Der Entscheider ist hier dazu gezwungen, andere Wertekategorien als Geld in seine „Kalkulation" mit einzubeziehen.

Beispiel

Schiedsrichter Herzog:

Herr Herzog hat so viel Spaß daran, andere in seiner schwarzen Dress am Spielplatz herumzukommandieren, dass für ihn das Geld, das er dafür bekommt, eine untergeordnete Rolle spielt. Der „Spaßfaktor" bzw. persönliche Neigungen werden bei der Break-Even-Point Berechnung ebenfalls vernachlässigt.

Oder umgekehrt betrachtet: Es besteht die Gefahr, dass Herr Herzog durch die viele Zeit, die er für sein Schiedsrichter-Hobby einsetzen müsste, sein Eheglück und sein Familienleben auf's Spiel setzt. Wie soll dieses Risiko bewertet werden?

Ein anderes Beispiel: der Kauf eines Autos

Die Anschaffungskosten und die Benzinkosten sind für die Betriebswirtschaft die am einfachsten fassbaren Entscheidungskriterien. Wie bewertet man allerdings

- die Farbe
- das schöne Design
- das Ansehen, das man durch das Auto bei seinen Freunden gewinnt
- das Vertrauen, das man dem Verkäufer entgegen bringen kann?

Die Betriebswirtschaft kann nur für in Zahlen bewertbare Probleme eine Lösung anbieten. Für alles, was darüber hinaus geht, sind von den Entscheidern so genannte Gefühls- oder Bauchentscheidungen erforderlich. Das gilt sogar für millionenschwere Investitionen in Großkonzernen.

Bewusste oder unbewusste Vernachlässigung der „investierten" Zeit:

Bei allen Berechnungen von Herrn Herzog wurde bewusst der Faktor „Zeit, die von Herrn Herzog selbst investiert wird" außer Acht gelassen. Herr Herzog könnte in seine Investitionsrechnungen durchaus noch mit einkalkulieren, dass er in seinem Normalberuf zB 20 Euro pro Stunde verdient. Wenn er dies berücksichtigen würde, müsste er jedoch gar nicht erst zu rechnen beginnen. Das Schiedsrichten wäre unter diesem Aspekt sicher nicht rentabel, sondern wahrscheinlich sogar ein Verlustgeschäft.

Dass die eigenen Personalkosten vernachlässigt werden, ist jedoch auch in der Praxis häufig anzutreffen. Insbesondere bei Kleinunternehmen wird die eigene Arbeitszeit des Unternehmers nicht als Kostenfaktor mit einkalkuliert.

Diese Vorgehensweise ist vielleicht nicht gerade rational, kann allerdings einiges an frustrierenden Erkenntnissen ersparen.

Trotz der oben angeführten Einschränkungen bieten Investitionsrechnungen wichtige Anhaltspunkte für die Beurteilung von Handlungsalternativen. Kein Projekt sollte ohne derartige Entscheidungshilfen gestartet werden.

Zusammengefasst: Die Grenzen der Investitionsrechnung sind

- die nicht exakt vorhersehbare Zukunft
- die nicht in Geld bewertbaren Soft facts
- die bewusste oder unbewusste Vernachlässigung von Faktoren (wie zB der investierten Zeit)

Zu den wichtigsten Faktoren, die bei den Berechnungen außer Acht gelassen werden, gehören jedoch all die anderen Alternativen, denen man nicht nachgehen kann, wenn man sich für eine bestimmte Option entschieden hat. Damit kommen wir zum wesentlichen Begriff der Opportunitätskosten.

1. 5. Opportunitätskosten

Lernziel:

➤ Den Begriff Opportunitätskosten erläutern können.

Lernziele

➤ Opportunitätskosten

Opportunitätskosten können mit „Kosten der verpassten Gelegenheit" übersetzt werden. Dabei handelt es sich um einen der wohl entscheidendsten, aber gleichzeitig von den Betriebswirten selbst am meisten vernachlässigten Faktoren.

Beispiel

> *Ein Unternehmer erwägt, eine Werbekampagne zu starten, um den Bekanntheitsgrad seines Unternehmens zu erhöhen. Er holt von einer Werbeagentur einen Kostenvoranschlag ein. Dieser beläuft sich auf 10.000 Euro. Als er den Betrag sieht, bekommt der Unternehmer einen Schock und verzichtet dankend.*

Der Unternehmer steht vor folgender Alternative:

- *Option 1: etwas tun*
- *Option 2: etwas nicht tun bzw. etwas anderes tun*

Klar ersichtlich ist, dass das Tun (= Durchführung der Werbekampagne) Kosten in Höhe von 10.000 Euro verursacht.

Weniger offensichtlich ist, dass auch die zweite Alternative enorme Kosten verursachen kann, und zwar in Form entgangener Chancen:

- *durch die Werbung einen höheren Bekanntheitsgrad zu erlangen*
- *dadurch mehr Kunden zu gewinnen und*
- *in Folge dessen höhere Gewinne zu erzielen, die die Kosten der Kampagne bei weitem übertreffen*

Vielleicht könnte der Verzicht auf die Werbung sogar den Untergang des Unternehmens bedeuten, denn das Sprichwort „Wer nicht wirbt, stirbt." hat durchaus seine Berechtigung.

Opportunitätskosten können somit auch als „Kosten der entgangenen Chance" gesehen werden. Opportunitätskosten fallen überall an, wo Entscheidungen getroffen werden müssen. Die Opportunitätskosten sollten unbedingt bei den Überlegungen berücksichtigt werden; sie allerdings exakt zu berechnen, ist zumeist schwierig.

Opportunitätskosten

Beispiel

Beispiele für Opportunitätskosten:

Der Verkäufer entscheidet sich für die Alternative, den weiten Weg zu einem Kunden nicht auf sich zu nehmen. Die Reisekosten übersteigen 1.000 Euro.

➠ **Opportunitätskosten:** *durch einen Auftrag dieses Kunden ließe sich ein Umsatz von 100.000 Euro erwirtschaften.*

Die Filialleiterin entscheidet sich für die Alternative, keinen zusätzlichen Verkäufer einzustellen. Er würde täglich 200 Euro kosten.

➠ **Opportunitätskosten:** *ca. 10 Kunden mit einem Umsatzpotenzial von 80 Euro pro Kunde verlassen täglich das Geschäft, weil sie nicht rechtzeitig bedient werden können.*

Das Unternehmen entscheidet sich dafür, das Mitarbeiter-Motivationsprogramm nicht durchzuführen. Es würde 50.000 Euro kosten.

➠ **Opportunitätskosten:** *Die Kosten, verursacht durch Fluktuation, innere Kündigung, Mobbing, Einbehalten von Ideen etc. betragen ein Vielfaches.*

Management Talk: *Wer ein Projekt durchsetzen möchte, kann den Begriff Opportunitätskosten gezielt einsetzen, zum Beispiel: „Mir ist klar, dass dieses Projekt x Euro an Kosten verursacht. Es muss uns allerdings auch bewusst sein, welche Opportunitätskosten entstehen können, wenn wir das Projekt nicht durchführen."*

EASY BUSINESS IM TELEGRAMM-STIL
INVESTITIONSRECHNUNG

Investitionsrechnung – Grundlagen

Lernziele

Mit Investitionsrechnungen können die quantitativen (= in Geld bewertbaren) Auswirkungen eines Investitionsprojektes bewertet werden. Sie helfen, die Vorteilhaftigkeit einer Investitionsentscheidung zu beurteilen. Dabei werden den aus der Investition resultierenden Erträgen die Kosten gegenübergestellt.

Bei den Kosten kann grundsätzlich zwischen

- den Investitionskosten sowie den Fixkosten und
- den variablen Kosten

unterschieden werden.

Erträge können

- aus tatsächlichen Einnahmen, aber auch aus
- Kostenersparnissen (zB Ersatz einer Maschine mit hohen laufenden Kosten durch eine neue, sparsame Maschine)

resultieren.

Oben genannte Faktoren bzw. Eckdaten sind auch jene, die zur Durchführung einer Investitionsrechnung bekannt sein müssen.

Es können zwei grundsätzliche Verfahren der Investitionsrechnung unterschieden werden: **die statische und die dynamische Investitionsrechnung**

Bei den dynamischen Investitionsrechnungsverfahren wird der Zeitfaktor mit berücksichtigt und die zukünftigen Einnahmenüberschüsse auf den Investitionszeitpunkt abgezinst (diskontiert).

Verfahren der Investitionsrechnung

- **Break-Even-Point**

Wie hoch muss die Stückzahl (bzw. die Absatzmenge) sein, damit sämtliche Kosten verdient sind und die Gewinnzone erreicht ist?

Die Formel zur Berechnung des Break-Even-Points lautet:

$$\text{Break-Even-Point} = \frac{\text{Investitionskosten}}{(\text{Preis} - \text{variable Kosten})}$$

⇒ Amortisationsdauer (Pay-back-Methode)

Wie lange dauert es (Tage, Monate, Jahre), bis die Kosten einer Investition wieder verdient sind und die Gewinnzone erreicht ist?

$$\text{Amortisationsdauer} = \frac{\text{Investitionskosten}}{(\text{DB pro Einheit} \times \text{erwartete Absatzmenge pro Periode})}$$

⇒ Mindestumsatz (Break-Even-Umsatz)

Wie viel Umsatz muss erzielt werden, damit sämtliche Kosten verdient sind?

$$\text{Mindestumsatz} = \text{Break-Even-Absatzmenge} \times \text{Preis pro Einheit}$$

Oder es erfolgt eine Berechnung über die Deckungsbeitragsspanne (siehe vorne)

⇒ Kostenvergleichsrechnung

Ab wann rechnet sich die Investition in eine neue Anlage (Neuinvestition) oder in eine modernere Anlage (Ersatzinvestition) durch die daraus resultierende Ersparnis an variablen Kosten.

Die Vorgehensweise bei der Kostenvergleichsrechnung (für eine Ersatzinvestition)

1. Berechnung der Netto-Investitionskosten

	Kaufpreis „neu"
-	Verkaufserlös „alt"
=	Netto-Investitionskosten

2. Berechnung der Ersparnis der variablen Kosten pro Einheit

	variable Kosten „alt" pro Einheit
-	variable Kosten „neu" pro Einheit
=	Kostenersparnis (Gewinn) pro Einheit

3. Division der Netto-Investitionskosten durch die Kostenersparnis pro Einheit

$$\text{Break-Even-Point} = \frac{\text{Netto-Investitionskosten}}{\text{Kostenersparnis (Gewinn) pro Einheit}}$$

4. Abschätzung, ob der Break-Even-Point erreicht werden kann

Gewinnvergleichsrechnung

Eine Investition soll auch einen angemessenen Gewinn erzielen. Verfügt man über mehrere Investitionsmöglichkeiten, dann sollte man sich rationaler Weise für jene entscheiden, die den höheren Gewinn abwirft.

Zur Berechnung des Gewinns werden den Investitionskosten (Fixkosten) die erzielbaren Deckungsbeiträge gegenüber gestellt.

Rentabilitätsvergleichsrechnung

Eine Investition muss rentabel sein. Das bedeutet, sie sollte eine höhere Verzinsung erwirtschaften als eine vergleichbare risikolose Anlageform (zB wenn man das Geld auf ein Sparbuch legt). Hat man die Wahl zwischen zwei Investitionsvorhaben, wird man sich für die rentablere Alternative entscheiden.

Zur Berechnung der Rentabilität einer Investition - den Return on Investment (ROI) - setzt man den erwarteten Gewinn ins Verhältnis zum investierten Kapital.

$$ROI = \frac{Gewinn}{investiertes\ Kapital} \times 100$$

Dynamische Investitionsrechnung (Kapitalwertmethode)

Bei den dynamischen Verfahren wird der Zeitfaktor berücksichtigt; und zwar, dass

- die Investition **heute bezahlt** werden muss
- die **Einnahmen** allerdings erst **in der Zukunft** fließen.

Dazu werden bei der Kapitalwertmethode die zukünftig zu erwartenden Einnahmen auf den Investitionszeitpunkt diskontiert (um den Zins und Zinseszinsfaktor abgewertet).

Variable der Investitionsrechnung

Dazu gehören

- die Investitionskosten bzw. die Fixkosten
- die variablen Kosten
- der erwartete erzielbare Preis

Daran kann „gedreht" werden, wenn das Ergebnis nicht den gewünschten Erwartungen entspricht (zB die Amortisationsdauer länger als erwartet ist).

Grenzen der Investitionsrechnung

Das Hauptproblem ist der Faktor „Zukunft". Es kann nicht hundertprozentig vorhergesagt werden, wie sich

- die Fixkosten,
- die variablen Kosten
- die Preise
- die Absatzmengen

entwickeln werden.

Zudem kann die Investitionsrechnung nur die in Geld bewertbaren „hard facts" berücksichtigen. Die nicht in Geld bewertbaren „Soft facts" wie Spaß, Anerkennung, Lebensfreude werden nicht berücksichtigt und dann vielleicht bei der Entscheidung auch vernachlässigt.

Opportunitätskosten

Opportunitätskosten können als „Kosten der entgangenen Chance oder verpassten Gelegenheit" gesehen werden. Opportunitätskosten fallen überall an, wo Entscheidungen getroffen werden müssen. Die Opportunitätskosten sollten unbedingt bei den Überlegungen berücksichtigt werden; sie allerdings exakt zu berechnen, ist zumeist schwierig.

FINANZPLANUNG

Groblernziele:

➤ *Die Ziele, den Aufbau und die Instrumente der Finanzplanung erläutern können.*

➤ *Die Ziele und den Aufbau der Plan-GuV-Rechnung, der Plan-Bilanz und der Liquiditätsplanung erläutern können.*

➤ *Plan-Kennzahlen zur Rentabilität, Liquidität und Produktivität errechnen und Schlüsse daraus ziehen können.*

2. 1. Finanzplanung - Überblick

Lernziele:

➤ Den Zweck der Finanzplanung erläutern können.

➤ Den Unterschied zwischen gesetzlicher Finanzbuchhaltung, Kostenrechnung und innerbetrieblicher Finanzplanung erläutern können.

Lernziele

Auf den folgenden Seiten wird am Fallbeispiel von Schiedsrichter Herzog gezeigt, wie wichtig es ist, eine vorausschauende Finanzplanung zu betreiben. Dabei werden Instrumente zur Anwendung kommen, die aus der EBC*L Stufe A schon gut bekannt sind. Dazu gehören die Bilanz, die GuV-Rechnung, Kennzahlen, die Liquiditäts- und Cash-flow-Analyse.

Zuvor erfolgt eine kurze Abgrenzung der Instrumente des externen Rechnungswesens (= **Finanzbuchhaltung**) und des internen Rechnungswesens (= **Kostenrechnung, Finanzplanung**).

2. 1. 1. DAS EXTERNE RECHNUNGSWESEN

Das wesentlichste Instrument der Finanzbuchhaltung ist der Jahresabschluss. Dieser gibt Auskunft darüber,

➤ *Finanzbuchhaltung*

- ▸ wie ein Unternehmen im letzten Jahr gewirtschaftet hat - ob es reicher oder ärmer geworden ist, oder anders ausgedrückt: ob es einen Gewinn oder Verlust erwirtschaftet hat (GuV-Rechnung)
- ▸ wie es um die Vermögenswerte und die Kapitalausstattung eines Unternehmens bestellt ist (Bilanz).

Dabei handelt es sich um belegte Zahlen aus der Vergangenheit bzw. Gegenwart. Sie liegen zum Bilanzierungszeitpunkt vor.

Aus dem Jahresabschluss können Kennzahlen zur Rentabilität, Liquidität und zur Produktivität des Unternehmens errechnet werden.

Interesse an diesen Informationen haben nicht nur die Unternehmer selbst, sondern auch externe Adressaten wie Banken, Lieferanten oder der Staat.

Finanzplanung – Überblick

Um eine gemeinsame Steuerbasis und auch eine schnelle Orientierung zu ermöglichen, müssen Bilanzen und GuV-Rechnungen nach gesetzlichen Vorgaben erstellt werden. Der Aufbau und die Gliederung von Jahresabschlüssen, der Bilanzierungszeitpunkt und bestimmte Berechnungsverfahren (zB zur Abschreibung) sind gesetzlich geregelt.

2. 1. 2. DAS INTERNE RECHNUNGSWESEN

Die Unternehmer bzw. die Geschäftsleitung selbst sollten über die Finanzbuchhaltung hinaus viel tiefer gehende Informationen über das eigene Unternehmen haben. Dazu gehören:

➤ *Kostenrechnung*

Alle Informationen, die die **Kostenrechnung** bieten kann, nämlich

- **WELCHE** Kosten und Erträge (Kostenartenrechnung)
- **WO** (Kostenstellenrechnung / Profit Center-Rechnung)
- **WOFÜR** (Kostenträgerrechnung)

anfallen (siehe dazu EBC*L Stufe A).

Die finanzielle Vorausschau auf die nahe und ferne Zukunft. Diese wird unter dem Begriff **Finanzplanung** zusammen gefasst.

➤ *innerbetriebliche Finanzplanung*

Im Interesse der Sicherung und der Zukunftsplanung eines Unternehmens sollte man versuchen, möglichst genau abzuschätzen,

- wie hoch der Gewinn oder der Verlust sein wird, der im Folgejahr voraussichtlich erwirtschaftet werden kann. Dies wird im Rahmen einer **Plan-GuV-Rechnung** ermittelt.
- über welche Vermögenswerte man in einem Jahr verfügen wird und wie hoch das Fremd- und das Eigenkapital in einem Jahr sein werden. Dies erfolgt im Rahmen der **Plan-Bilanz**.
- wie sich die Zahlungsflüsse während des Jahres entwickeln werden, und ob es im Laufe des Folgejahres unter Umständen zu einem bedrohlichen Liquiditätsengpass kommen könnte. Dieses Vorgehen wird **Liquiditätsplanung** bezeichnet.

Unternehmen sind gesetzlich weder zur Kostenrechnung noch zur Finanzplanung verpflichtet. Daher gibt es auch keine Vorgaben, wie diese Instrumente gestaltet werden müssen. Jedes Unternehmen kann somit selbst festlegen, wie beispielsweise

- die Plan-GuV-Rechnung gegliedert sein soll,
- Abschreibungen berechnet werden oder
- welche Werte in die Plan-Bilanz aufgenommen (aktiviert) werden und welche nicht.

Diese Gestaltungsfreiheit führt dazu, dass Plan-GuV-Rechnungen verschiedener Unternehmen auch schwierig miteinander zu vergleichen sind.

Bevor wir allzu sehr ins Detail gehen, werden wir am überschaubaren Beispiel des Schiedsrichters Herzog erläutern, dass es sich auch bei der Finanzplanung um logische und einfach nachvollziehbare Abläufe handelt.

2. 2. Instrumente der Finanzplanung

Lernziele:

➤ *Den logischen Ablauf der Finanzplanung erläutern können.*

➤ *Den Zweck, den Aufbau sowie die Begriffe einer Plan-GuV-Rechnung erläutern können (basierend auf den Kenntnissen des Lernzielkatalogs EBC*L Stufe A).*

➤ *Den Zweck, den Aufbau sowie die Begriffe einer Plan-Bilanz erläutern können (basierend auf den Kenntnissen des Lernzielkatalogs EBC*L Stufe A).*

➤ *Die im Lernzielkatalog EBC*L Stufe A angeführten finanzwirtschaftlichen Kennzahlen aus einer Plan-Bilanz und einer Plan-GuV-Rechnung berechnen und erläutern können (= Plan-Kennzahlen).*

➤ *Den Zweck, den Aufbau sowie die Begriffe der Liquiditätsplanung erläutern können.*

➤ *Den Unterschied zwischen Ertrag und Einzahlung erläutern können.*

➤ *Den Unterschied zwischen Aufwand und Auszahlung erläutern können.*

➤ *Den Begriff „Cash flow" erläutern können.*

➤ *Die Begriffe „Überdeckung" und „Unterdeckung" (bzw. Liquiditätsengpass) im Zusammenhang mit der Liquidität erläutern können.*

Lernziele

2. 2. 1. FALLBEISPIEL: FINANZPLANUNG VON SCHIEDSRICHTER HERZOG

➤ *logischer Ablauf der Finanzplanung*

Herr Herzog hat sich schließlich dazu entschieden, die Schiedsrichterkarriere beim Fußballverband in Angriff zu nehmen und 5.000 Euro in die Ausbildung zu investieren. Als voraus denkender Mensch möchte Herr Herzog wissen, ob er im ersten Jahr seiner Schiedsrichtertätigkeit mit einem Gewinn oder einem Verlust rechnen kann. Dazu stellt er den voraussichtlichen Erträgen seine Aufwendungen gegenüber.

Beispiel

Instrumente der Finanzplanung

Beispiel

2. 2. 2. PLAN-GUV-RECHNUNG

Die Einmal-Kosten für die Schiedsrichter-Ausbildung (= Investitionskosten) betragen 5.000 Euro. Die Lizenz ist zwei Jahre lang gültig. Er geht von folgenden Annahmen aus:

	Preis pro Einsatz	€	140
-	variable Kosten pro Einsatz	€	40
=	Deckungsbeitrag pro Einsatz	€	100
x	Einsätze pro Jahr		40 Spiele
=	Deckungsbeitrag gesamt	€	4.000

Würde er von diesem Betrag jetzt die vollen Ausbildungskosten in Höhe von 5.000 Euro abziehen, dann ergäbe sich ein Minus von 1.000 Euro (= Verlust). Da die Lizenz allerdings zwei Jahre lang gültig ist, dividiert er den Betrag durch 2 und kommt somit auf Kosten in Höhe von nur noch 2.500 Euro, die auf dieses Jahr anzurechnen sind.

▶ *Plan-GuV-Rechnung*

	Preis pro Einsatz	€	140
-	variable Kosten pro Einsatz	€	40
=	Deckungsbeitrag pro Einsatz	€	100
x	Einsätze pro Jahr		40 Spiele
=	Deckungsbeitrag gesamt	€	4.000
-	anteilige Kosten der Ausbildung	€	2.500
=	Ergebnis (Gewinn) Jahr 1	€	1.500

Herr Herzog ist zufrieden. „Nicht schlecht, wenn man mit seinem Lieblingshobby auch noch einen Gewinn erwirtschaftet", meint er.

2. 2. 3. LIQUIDITÄTSPLANUNG

▶ *Liquiditätsplanung*

Nach zwei Monaten ist Herrn Herzogs Zufriedenheit allerdings in Unmut umgeschlagen. Herr Herzog hat zwar die Ausbildung erfolgreich absolviert und sich bereits bei 3 Einsätzen bewährt, allerdings hat er vom Fußballverband noch keinen einzigen Cent für diese Spiele gesehen. Nachdem er sich darüber bitter beschwert, wird er darüber aufgeklärt, dass er offensichtlich das Kleingedruckte übersehen hat. Darin steht, dass die Prämien vierteljähr-

lich gesammelt ausbezahlt werden. Somit muss er noch einen Monat auf die Zahlung warten.

Das bringt Herrn Herzog jedoch in gehörige Liquiditätsprobleme, denn auf seinem Sparbuch hatte er zu Beginn des Jahres gerade einmal ein Guthaben von 5.100 Euro. Damit konnte er die Ausbildung und die Fahrtkosten der ersten Einsätze finanzieren. Jetzt ist aber Ebbe in der Kasse und nicht nur das: er hat sogar ein Minus von 20 Euro auf seinem Konto. Um über die Runden zu kommen, muss er seinen besten Freund um Geld anpumpen.

In eine solch' unangenehme Situation möchte Herr Herzog nie wieder kommen. Noch dazu verursacht durch sein Hobby! Daher entschließt er sich, seine Finanzen in Zukunft besser zu planen. Er erstellt einen Liquiditätsplan, in dem er Monat für Monat seinen tatsächlichen Einnahmen (= Geldzuflüsse) die anfallenden Ausgaben (= Geldabflüsse) gegenüberstellt. Er beginnt diese Aufstellung rückwirkend mit der Schiedsrichterausbildung.

Beispiel

1. Sein Startkapital (= Ersparnisse) für das „Unternehmen Schiedsrichter", wie er es selbst bezeichnet, betrug 5.100 Euro.
2. Im Januar erfolgte die Ausbildung, deren Kosten in Höhe von 5.000 Euro sofort bezahlt werden mussten.
3. Im Februar hatte er einen Einsatz, im März bereits zwei. Die Fahrtkosten pro Einsatz betrugen 40 Euro, insgesamt ergeben sich somit 120 Euro an Auszahlungen für diese beiden Monate.
4. Im April erfolgt die erste Zahlung vom Verband in Höhe von 420 Euro, und zwar rückwirkend für das letzte Quartal (Januar bis März).
5. Die Einsatzplanung für das weitere Jahr sieht Folgendes vor:

    a. Von April bis Ende Juni ist Hauptsaison. In dieser Zeit kann er mit 6 Einsätzen pro Monat rechnen.

    b. Im Juli ist Spielpause und daher gibt es keine Einsätze.

    c. Im August und September kann er wieder mit 6 Einsätzen monatlich rechnen. Im Oktober sind 4 Einsätze geplant, im November sind 3 Einsätze zu erbringen.

6. Die Quartalszahlungen des Fußballverbandes erfolgen jeweils rückwirkend im April, Juli, Oktober und im Januar des Folgejahres.

Instrumente der Finanzplanung

Basierend auf diesen Angaben hat Herrn Herzog's Liquiditätsplan folgendes Aussehen:

	Januar	Februar	März	April	Mai	Juni
Einzahlung	5.100	0	0	420	0	0
Auszahlung	- 5.000	- 40	- 80	- 240	- 240	- 240
Cash flow	+ 100	- 40	- 80	+ 180	- 240	- 240
Bestand an liquiden Mitteln	+ 100	+ 60	- 20	+160	- 80	- 320

	Juli	August	September	Oktober	November	Dezember
Einzahlung	2.520	0	0	1.680	0	0
Auszahlung	0	- 240	- 240	- 160	- 120	0
Cash flow	+ 2.520	- 240	- 240	+ 1.520	- 120	0
Bestand an liquiden Mitteln	+ 2.200	+ 1.960	+ 1.720	+ 3.240	+ 3.120	+ 3.120

Erläuterung des Liquiditätsplans:

Im Januar steht der Einzahlung von 5.100 Euro seitens Herrn Herzog (= Ersparnisse) die Auszahlung in Höhe von 5.000 Euro für die Schiedsrichter-Ausbildung gegenüber. Somit ergibt sich für diesen Monat ein Zahlungsüberschuss in Höhe von 100 Euro. Der Bestand liquider Mittel beträgt am Ende des Monats 100 Euro (= Liquiditätsüberschuss).

Hinweis

Anmerkung: Der Überschuss der Einzahlungen über die Auszahlungen wird Cash flow genannt. In der Praxis wird in detaillierten Liquiditätsplänen weiters unterschieden und aufgezeichnet, woher genau die Einzahlungen stammen, zB aus Umsatzerlösen je Produkt/Produktgruppe, Verkauf von Anlagegütern, Eigenkapitalzuschüssen, Förderungen etc.

Februar

Im Februar hatte Herr Herzog seinen ersten Einsatz. 40 Euro Auszahlung schlagen für seine Fahrtkosten zu Buche, Einnahmen fließen noch keine. Der Cash flow ist also mit 40 Euro negativ; der Bestand liquider Mittel schmilzt auf 60 Euro.

März

Im März finden 2 Spiele statt und der Cash flow ist mit 80 Euro erneut negativ. Dadurch ergibt sich bei den liquiden Mitteln ein Minus bzw. ein Fehlbetrag von 20 Euro (= Liquiditätsengpass).

April

Im April kann Herr Herzog endlich mit der Einzahlung des Fußballverbands für seine Einsätze im 1. Quartal in Höhe von 420 Euro rechnen. Da diesem Betrag Auszahlungen in Höhe von lediglich 240 Euro gegenüberstehen, ergibt sich ein positiver Cash flow in Höhe von 180 Euro, und damit auch wieder ein Liquiditätsüberschuss von 160 Euro.

Mai / Juni

In beiden Monaten ist der Cash flow negativ, was im Juni zu einem bedrohlichen Liquiditätsengpass von 320 Euro führt.

Für diese beiden Monate muss er unbedingt Vorsorge treffen. Der Vermieter wird sich einen nochmaligen Mietrückstand nicht gefallen lassen – und Herr Herzog möchte seine gemütliche Wohnung für sein heiß geliebtes Hobby doch nicht auf's Spiel setzen.

Juli – Dezember

Ab Juli, wo stolze 2.520 Euro für die 18 Einsätze des 2. Quartals überwiesen werden, entspannt sich die Liquiditätslage. Herr Herzog kann in jedem Monat mit Liquiditätsüberschüssen rechnen.

Herr Herzog beendet das Jahr mit einem Liquiditätsüberschuss von 3.120 Euro. Im Januar nächsten Jahres kann Herr Herzog dann noch zusätzliche 980 Euro für die Quartalszahlung der Monate Oktober bis Dezember erwarten.

Vorteile der Liquiditätsplanung

Die Liquiditätsplanung bringt Herrn Herzog insbesondere einen großen Vorteil: sie erspart ihm unangenehme Überraschungen und er kann sich rechtzeitig überlegen, wie er jene Monate, in denen ein Liquiditätsengpass zu erwarten ist, überbrücken kann.

Er könnte beispielsweise beim Verband anfragen, ob seine April-Einsätze ausnahmsweise schon Anfang Mai überwiesen werden könnten. Ebenso wird auch die Bank bereit sein, einen Überbrückungskredit zu gewähren, wenn er aufzeigen kann, dass der Liquiditätsengpass nur kurzfristig ist.

2. 2. 4. PLAN-BILANZ

Herr Herzog will nun zusätzlich feststellen, welche Auswirkungen sein Fußballhobby auf seine Vermögens- und Finanzlage hat. Dazu erstellt er eine Eröffnungs- und eine Schlussbilanz.

▶ *Eröffnungsbilanz*

Eröffnungsbilanz

Vermögen		Kapital	
Bank / Kasse	€ 5.100	Eigenkapital	€ 5.100
		Fremdkapital	€ 0
Summe Vermögen	€ 5.100	Summe Kapital	€ 5.100

▶ *Planbilanz*

Planbilanz (voraussichtliche Schlussbilanz am Ende des Jahres)

Vermögen		Kapital	
Lizenz	€ 2.500	Eigenkapital	€ 6.600
Forderung	€ 980	Fremdkapital	€ 0
Bank / Kasse	€ 3.120		
Summe Vermögen	€ 6.600	Summe Kapital	€ 6.600

Vergleicht Herr Herzog sein Eigenkapital (= Reichtum) am Ende des Jahres mit jenem zu Beginn des Jahres, ergibt sich ein Überschuss von 1.500 Euro.

Das ist gleichzeitig sein Gewinn.

	Eigenkapital Schlussbilanz	€ 6.600
-	Eigenkapital Eröffnungsbilanz	€ 5.100
=	Gewinn	€ 1.500

Hinweis zur Lizenz

Die Lizenz läuft 2 Jahre. Daher hat Herr Herzog diese zur Hälfte abgeschrieben. In einer offiziellen Jahresbilanz wäre es fraglich, ob die Lizenz überhaupt aktiviert werden darf (da sie kein veräußerbares Vermögensgut darstellt) oder ob die Kosten nicht gleich zur Gänze als Aufwand verbucht werden müssten. In der internen Planbilanz kann man allerdings selbst entscheiden, welche Positionen aufgenommen werden und welche nicht.

Hinweis

2. 2. 5. PLAN-KENNZAHLEN

Zuletzt möchte Herr Herzog noch wissen, ob seine Investition in die Schiedsrichter-Ausbildung auch rentabel ist.

Dazu stellt er den Gewinn, den er am Ende des Jahres erzielt, dem zu Beginn (= Eröffnungsbilanz) investierten Kapital gegenüber.

$$\text{Rentabilität (ROI)} = \frac{1.500}{5.100} \times 100 = 29{,}4\ \%$$

▶ *Rentabilität (ROI)*

Herr Herzog errechnet einen ROI in Höhe von knapp 30 %. Damit ist Herr Herzog mehr als zufrieden. Er weiß, dass er auf der Bank für sein Sparbuch, wo er das Geld bislang gehortet hat, nur 3 % Zinsen bekommt.

Zudem zeichnet sich mit Ende des Jahres auch eine hervorragende Liquiditätssituation ab: 3.120 Euro an liquiden Mitteln und einer bereits im Folgemonat fälligen Forderung in Höhe von 980 Euro stehen Null Euro an Verbindlichkeiten gegenüber.

➤ *Zweck der Finanzplanung*

Das Beispiel von Herrn Herzog zeigt,

- wie wichtig es ist, eine vorausschauende Finanzplanung zu betreiben, da unvorhergesehene Liquiditätsengpässe schnell zum Untergang eines Unternehmens führen können und
- dass es sich bei der Finanzplanung um eine Anwendung der bereits aus der EBC*L Stufe A bekannten betriebswirtschaftlichen Instrumente handelt. Dazu gehören die Bilanz, die GuV-Rechnung, die Kennzahlen und die (umfassende) Cash flow-Analyse (Liquiditätsplan).

EASY BUSINESS IM TELEGRAMM-STIL
FINANZPLANUNG / BUDGETIERUNG

Instrumente der Finanzplanung

Lernziele

1. Plan-GuV-Rechnung

Mit Hilfe der Plan-GuV-Rechnung soll errechnet werden, ob im Folgejahr ein Gewinn oder ein Verlust erwirtschaftet werden wird. Dazu stellt man den erwarteten Erträgen die erwarteten Aufwendungen gegenüber und errechnet darauf basierend den Plan-Gewinn.

▶ Plan-GuV-Rechnung

	erwartete Erträge
−	erwartetete Aufwendungen
=	Plan-Gewinn (Plan-Verlust)

Bei der Plan-GuV-Rechnung gelten großteils die selben Prinzipien wie bei der GuV-Rechnung der Finanzbuchhaltung:

- Es werden jene Geschäftsfälle berücksichtigt, die das Unternehmen tatsächlich reicher (= Erträge) oder ärmer (= Aufwendungen) machen.

- Der Kauf von Vermögensgegenständen, die einen bleibenden Gegenwert haben (und daher in der Bilanz aktiviert werden), wird in der GuV-Rechnung in Form der Abschreibung berücksichtigt. Dazu sind die im Planungsjahr anfallenden Abschreibungsraten entsprechend zu berechnen.

2. Liquiditätsplan

In einem monatlichen Liquiditätsplan werden

▶ Liquiditäsplan

- den erwarteten Einzahlungen
- die erwarteteten Auszahlungen

gegenüber gestellt.

Das Ergebnis wird **Cash flow** genannt.

	erwartete Einzahlungen
−	erwartetete Auszahlungen
=	Cash flow

▶ Cash flow

EBC*L – Finanzplanung

Easy Business im Telegramm-Stil – Finanzplanung / Budgetierung

Dabei ist zu berücksichtigen, dass

➤ *Unterschied Erträge und Einzahlung*

➡ **Erträge** nicht unmittelbar zu einer tatsächlichen **Einzahlung** führen müssen (beispielsweise Zahlungen, die nur quartalsweise erfolgen)

➤ *Unterschied Aufwendungen und Auszahlung*

➡ **Aufwendungen** nicht zu einer **Auszahlung** führen müssen (zB Abschreibungen)

Zu berücksichtigen ist allerdings auch, dass Zahlungen für Investitionen sofort in voller Höhe zu einem Zahlungsfluss führen (obwohl sie nicht in voller Höhe gewinnmindernd sind).

➤ *Überdeckung - Unterdeckung (= Liquiditätsengpass)*

Durch eine Aufsummierung des Anfangsbestands an liquiden Mitteln und des geplanten Cash flows errechnet sich, ob es in den einzelnen Monaten zu einer **Überdeckung** oder zu einer **Unterdeckung** (= **Liquiditätsengpass**) kommen wird. Wird ein Liquiditätsengpass prognostiziert, dann können durch rechtzeitige Planung entsprechende Gegenmaßnahmen getroffen werden.

3. Plan-Bilanz

➤ *Plan-Bilanz*

Eine Plan-Bilanz zeigt auf,

➡ über welche Vermögenswerte man in einem Jahr verfügen wird

➡ wie viele Schulden zu erwarten sind

➡ wie hoch das Eigenkapital sein wird

➡ und ob das Eigenkapital – im Vergleich zum Anfang des Jahres – gestiegen (Gewinn) oder gesunken (Verlust) ist.

4. Plan-Kennzahlen

➤ *Plan-Kennzahlen*

Mit Hilfe der Berechnung von Plan-Kennzahlen aus der Plan-GuV-Rechnung sowie aus der Plan-Bilanz kann festgestellt werden, ob in einem Jahr die übergeordneten Unternehmensziele Rentabilität, Liquidität und Produktivität erreicht werden können - sofern alles im Plan bleibt.

In weiterer Folge finden Sie die wichtigsten Kennzahlen mit den Berechnungsformeln: Diese Kennzahlen werden im Buch Unternehmensziele und Kennzahlen (EBC*L Stufe A) ausführlich behandelt.

➤ *Übersicht Kennzahlen*

Übersicht Kennzahlen

(errechnet aus der Plan-Bilanz und Plan-GuV-Rechnung)

$$\text{Eigenkapitalquote} = \frac{\text{Eigenkapital}}{\text{Gesamtkapital}} \times 100$$

$$\text{Verschuldungsgrad} = \frac{\text{Fremdkapital}}{\text{Gesamtkapital}} \times 100$$

$$\text{Liquidität 1. Grades} = \frac{\text{Liquide Mittel}}{\text{Kurzfr. Verbindlichkeiten}} \times 100$$

$$\text{Liquidität 2. Grades} = \frac{\text{Liquide Mittel + kurzfr. Forderungen}}{\text{Kurzfr. Verbindlichkeiten}} \times 100$$

$$\text{Liquidität 3. Grades} = \frac{\text{Umlaufvermögen}}{\text{Kurzfr. Verbindlichkeiten}} \times 100$$

Cash flow = Gewinn
      + Abschreibung
      +/- Bildung / Auflösung von Rückstellungen

$$\text{Eigenkapitalrentabilität} = \frac{\text{Gewinn}}{\text{Eigenkapital}} \times 100$$

$$\text{Gesamtkapitalrentabilität (ROI)} = \frac{\text{Gewinn}}{\text{Gesamtkapital}} \times 100$$

Bei der Berechnung der Eigenkapital- und der Gesamtkapitalrentabilität wird der erwartete Gewinn dem zu Beginn des Jahres investiertem Kapital (aus der Eröffnungsbilanz) gegenüber gestellt.

(Nicht prüfungsrelevanter) Hinweis: In der Literatur wird oft der Durchschnittswert aus Eröffnungsbilanz und Schlussbilanz genommen.

$$\text{Umsatzrentabilität} = \frac{\text{Gewinn}}{\text{Umsatz}} \times 100$$

2. 3. Finanzplanung in der Praxis: Budgetierung

2. 3. 1. PLAN-GUV-RECHNUNG

Es ist bereits erwähnt worden, dass für die Finanzplanung keine gesetzlichen Vorschriften gelten. Daher kann auch die Plan-GuV-Rechnung so gestaltet werden, wie es für das Unternehmen sinnvoll erscheint.

▶ *Plan-GuV-Rechnung*

Auf der folgenden Seite sehen Sie ein Gestaltungsbeispiel für eine Plan-GuV-Rechnung, deren Positionen im Anschluss kurz erläutert werden:

PLAN-GUV-RECHNUNG	Planwerte
Umsatzerlöse	450.000
- Variable Kosten	100.000
= Deckungsbeitrag (Rohertrag)	**350.000**
- Personalkosten	200.000
- sonstige Fixkosten	45.000
= operativer Cash flow	**105.000**
- Abschreibungen	12.000
= Betriebsergebnis	**93.000**
+ Finanzerträge	2.000
- Zinsen und sonst. Finanzaufwand	8.000
= EGT	**87.000**

Alle hier vorkommenden Begriffe sind aus den Kapiteln Bilanzierung, Kennzahlen und Kostenrechnung der EBC*L Stufe A bereits bekannt. Ungewohnt ist vielleicht, dass sie nunmehr in der Plan-GuV-Rechnung vereint worden sind.

In einem ersten Schritt wird der **Deckungsbeitrag** errechnet: Dabei handelt es sich um die Umsatzerlöse aus dem Kerngeschäft abzüglich der direkt den Produkten zurechenbaren Kosten, wie zB Wareneinkauf oder direkte Herstellungskosten (dieses Ergebnis wird oft auch **Rohertrag** genannt).

Indem man zum Deckungsbeitrag die sonstigen betrieblichen Erträge hinzu rechnet, und alle übrigen Kosten abzieht, die auch tatsächlich zu Zahlungsabflüssen führen, errechnet sich der **operative Cash flow**. Dabei handelt es

▶ *Cash flow*

sich um den Überschuss der Einzahlungen über die tatsächlichen Auszahlungen. (Der operative Cash flow entspricht in etwa auch dem heute häufig verwendeten Begriff **EBITDA**, earnings before interest, taxes depreciation and amortisation).

> *Unterschied Aufwand - Auszahlung*

Vom operativen Cash flow werden dann jene Geschäftsfälle abgezogen, die keine Zahlungsflüsse zur Folge haben. Dazu gehören insbesondere die Abschreibungen (= Aufwand, der keinen unmittelbaren Geldfluss verursacht). Damit erhält man das **Betriebsergebnis** (auch **EBIT**, earnings before interest and taxes, genannt).

Ab dann folgt die Plan-GuV-Rechnung wieder dem aus der Finanzbuchhaltung bekannten Schema: es werden die Finanzerträge und -aufwendungen berücksichtigt und somit das **EGT** errechnet (**EBT**, earnings before taxes).

Diese außergewöhnliche Gliederung der Plan-GuV-Rechnung bringt einen wesentlichen Vorteil: Man erhält auf einen Blick die für ein Unternehmen relevanten Informationen:

- Ist der **Deckungsbeitrag** niedrig oder gar negativ, dann ist wohl das gesamte Unternehmen massiv gefährdet. Es müssen sämtliche Alarmglocken läuten.

- Ist der **operative Cash flow negativ**, dann ist dies ebenfalls als akutes und ernstes Alarmsignal zu werten. Darüber hinaus muss das Unternehmen in diesem Fall feststellen, ob es den negativen Cash flow durch ausreichende liquide Reserven abdecken kann oder ob ein zusätzlicher Finanzierungsbedarf (zB durch Kreditaufnahme) besteht.

- Ist hingegen der **operative Cash flow positiv** und erst das Betriebsergebnis negativ, dann sagt dieses Ergebnis aus, dass zumindest alle tatsächlichen Auszahlungen aus den Einzahlungen gedeckt werden können. Nicht abgedeckt ist allerdings der Wertverlust der Vermögensgegenstände (= man lebt von der Substanz), was auf Dauer gesehen, natürlich auch nicht tragbar ist.

- Im **EGT** ist dann auch das Finanzergebnis berücksichtigt. Ist ein positives Jahresergebnis nur deshalb erzielbar, weil das Finanzergebnis deutlich positiv ausfallen wird, dann ist die Frage nach der Sinnhaftigkeit des Kerngeschäfts durchaus zu stellen.

Für bereits bestehende Unternehmen macht es durchaus Sinn, für die Planwerte von den Zahlen der letzten GuV-Rechnung auszugehen; und diesen dann die prognostizierten Zukunftswerte gegenüber zu stellen. Zusätzlich kann die Darstellung der prozentualen Veränderung erfolgen, um den Überblick noch plakativer zu gestalten.

Beispiel

Beispiel:

PLAN-GUV-RECHNUNG

		Ist	Plan	Veränderung in %
	Umsatzerlöse	360.000	450.000	+ 25 %
-	variable Kosten	80.000	100.000	+ 25 %
=	**Deckungsbeitrag**	**280.000**	**350.000**	**+ 20 %**
-	Personalkosten	180.000	200.000	+ 11 %
-	sonstige Fixkosten	40.000	45.000	+ 13 %
=	**operativer Cash flow**	**60.000**	**105.000**	**+ 75 %**
-	Abschreibungen	10.000	12.000	+ 20 %
=	**Betriebsergebnis**	**50.000**	**93.000**	**+ 86 %**
+	Finanzerträge	2.000	2.000	0 %
-	Zinsen und sonst. Finanzaufwand	8.000	8.000	0 %
=	**EGT**	**44.000**	**87.000**	**+ 97 %**

Abteilungsleiter werden sich hier zu Recht an die alljährliche Budgetierung erinnert fühlen. Ausgehend von den Ist-Werten werden die Plan-Werte festgelegt. Dies kann zB durch Absolutbeträge geschehen:

➡ *Der Umsatz muss auf 450.000 Euro und der Deckungsbeitrag auf 350.000 Euro erhöht werden.*

Aber auch die Planung in Prozentwerten ist in der Praxis häufig anzutreffen:

➡ *Die Umsatzerlöse sollen um 25 % und der Deckungsbeitrag um 20 % gesteigert werden.*

2. 3. 2. PLAN-BILANZ

➤ *Plan-Bilanz*

Die Plan-Bilanz ist genauso gegliedert wie die Bilanz der Finanzbuchhaltung. Allerdings werden Aktiva und Passiva oft nicht nebeneinander aufgelistet, sondern untereinander. Dies hat unter anderem den Effekt, dass bei dieser Betrachtungsweise die Planwerte den Istwerten sehr gut gegenüber gestellt werden können.

Beispiel

Beispiel:

PLAN-BILANZ	Ist	Plan	Veränderung in %
AKTIVA			
Immobilien	100.000	95.000	-5 %
Betriebs- und Geschäftsausstattung	50.000	70.000	40 %
Maschinen und Fuhrpark	80.000	90.000	13 %
Warenbestand	60.000	50.000	-17 %
Forderungen	20.000	12.000	-40 %
Wertpapiere	0	10.000	
Liquide Mittel	40.000	70.000	75 %
SUMME AKTIVA	350.000	397.000	13 %
PASSIVA			
Eigenkapital	100.000	172.000	72 %
Bankkredit	120.000	110.000	-8 %
Rückstellungen	25.000	25.000	0 %
Verbindlichkeiten	105.000	90.000	-14 %
SUMME PASSIVA	350.000	397.000	13 %

Finanzplanung in der Praxis: Budgetierung

2. 3. 3. LIQUIDITÄTSPLAN

Ein Liquiditätsplan kann sehr detailliert erstellt werden und sämtliche Zahlungsströme umfassen; dies unabhängig davon, ob sie Gewinn erhöhend, Gewinn mindernd oder Gewinn neutral sind.

Beispiel

Beispiel:

LIQUIDITÄTSPLAN				
	Monat 1	Monat 2	Monat 3	Monat …
Anfangsbestand				
Einzahlungen aus …				
Umsatzerlösen				
Zins- und Wertpapiererträge				
Forderungen				
Verkauf von Anlagen				
Verkauf von Wertpapieren				
Sonstiges				
Summe EINZAHLUNGEN				
Auszahlungen für …				
Personal				
Material				
Waren				
Kreditzinsen				
Kauf von Anlagen				
Kauf von Wertpapieren				
Tilgung Kredite				
Sonstiges				
Summe AUSZAHLUNGEN				
Cash flow				
Endbestand liquide Mittel				

Auf diese Weise wird einerseits der monatlich erwirtschaftete Cash flow, andererseits auch der jeweilige Liquiditätsbestand errechnet und dadurch festgestellt, ob es zu einer Über- oder zu einer Unterdeckung kommt. Wird eine **Unterdeckung** prognostiziert, dann muss versucht werden, die

- Ein- oder Auszahlungen zu verändern (zB durch Verschieben von Investitionen oder Vereinbarung von Anzahlungen etc.), oder
- man muss für eine Finanzierung sorgen, damit dieser Liquiditätsengpass überwunden werden kann.

2. 4. Hauptproblem der Finanzplanung: unsichere Zukunft

Lernziele:

➤ *Die wesentlichen Probleme bei der Finanzplanung erläutern können.*

Lernziele

➤ *Probleme bei der Finanzplanung*

Das Beispiel von Herrn Herzog zeigt, welche wertvollen Informationen eine Finanzplanung bieten kann. Allerdings darf nicht übersehen werden, dass - wie bei jeder Planung - der Zukunftsaspekt als Unsicherheitsfaktor eine wesentliche Rolle spielt. Es müssen Annahmen getroffen werden über:

- absetzbare Mengen
- erzielbare Preise
- Kosten für Wareneinkauf, Personal, Energie, Zinsen usw.
- notwendige Investitionen

Diese Annahmen werden in den wenigsten Fällen tatsächlich genau so eintreffen, wie sie prognostiziert wurden. Ein Preisverfall kann den erwarteten Gewinn schmälern, ein unerwarteter Ansturm der Kunden kann den Gewinn in ungeahnte Höhen treiben (so lange man über die notwendigen Kapazitäten verfügt, um dem Ansturm Stand zu halten).

Unsicherheitsfaktoren wie diese gilt es, stets zu berücksichtigen. Dem entsprechend ist die Finanzplanung auch ein laufender Prozess, der regelmäßig überprüft und immer wieder durch aktuelle Daten auf dem neuesten Stand gehalten werden sollte.

Hauptproblem der Finanzplanung: unsichere Zukunft

Beispiel

Schiedsrichter Herzog – Was kann die Zukunft bringen?

Auch Herr Herzog muss mit einigen Unabwägbarkeiten rechnen:

- *Der Fußballverband könnte zu viele Schiedsrichter ausbilden. Dieses Überangebot würde zu einer Reduzierung der Anzahl der Einsätze führen.*
- *Der Fußballverband könnte mit seiner Leistung unzufrieden sein und daher eine kostenpflichtige Nachschulung einfordern.*
- *Der Fußballverband muss aufgrund finanzieller Probleme Kosten reduzieren und senkt daher auch die Provisionen für jeden Einsatz.*
- *Der Fußballverband erweist sich als unzuverlässiger Zahler. Die Provisionen werden nicht vierteljährlich, sondern nur halbjährlich bezahlt.*
- *Die Preise für Benzin und Maut steigen. Das erhöht die Fahrtkosten.*
- *Herr Herzog erleidet ausgerechnet im April, zu Beginn der Hauptsaison, einen Beinbruch und fällt bis August aus.*
- *Umgekehrt könnte es sein, dass sich Herr Herzog in kürzester Zeit zum Star-Schiedsrichter mausert, seine Einsätze doppelt so hoch sind als erwartet, und außerdem die Provision pro Einsatz um 30 % erhöht wird.*
- *und vieles mehr ...*

Jedes einzelne oben angeführte Ereignis würde die gesamte Finanzplanung von Herrn Herzog sprichwörtlich „über den Haufen werfen". Daher entschließt sich Herr Herzog stets am Monatsende alle Daten zu überprüfen und seine Finanzplanung auf aktuellem Stand zu halten.

FINANZIERUNG

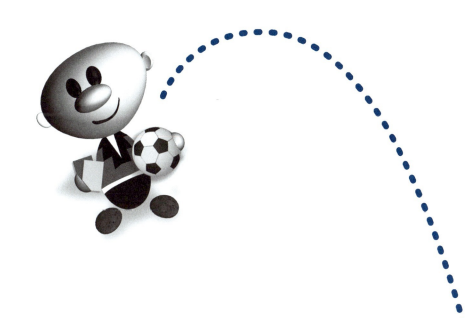

Groblernziele:

➤ *Die Möglichkeiten zur Finanzierung eines Unternehmens erläutern können.*

3. 1. Finanzierung - Grundlagen

Lernziel:

➤ *Den grundsätzlichen Unterschied zwischen Eigen- und Fremdfinanzierung erläutern können.*

Lernziele

Kommt es zu einem Liquiditätsengpass, müssen zusätzliche finanzielle Mittel aufgebracht werden, um diesen zu überbrücken.

Finanzielle Mittel müssen allerdings auch dann bereit gestellt werden, wenn beispielsweise die geplante Expansion eines Unternehmens nicht aus eigener Kraft finanziert werden kann oder wenn Investitionen in neue Anlagen notwendig werden.

Zur Finanzierung gibt es prinzipiell zwei Möglichkeiten:

➡ Eigenfinanzierung
➡ Fremdfinanzierung

3. 2. Eigenfinanzierung

Lernziele:

➤ *Möglichkeiten der Eigenfinanzierung nennen und erläutern können.*

➤ *Den Begriff „Aktien" und „Junge Aktien" erläutern können.*

➤ *Den Begriff „Stille Gesellschaft" erläutern können.*

Lernziele

Unter Eigenfinanzierung versteht man das Zuführen von Eigenkapital in ein Unternehmen. Dies kann durch die Unternehmer selbst bzw. durch die bestehenden Gesellschafter (Teilhaber) erfolgen, aber auch durch bislang noch nicht dem Unternehmen zugehörige Personen oder Institutionen. Letztere werden dafür am Unternehmen (Gewinn, Unternehmenswert) beteiligt. Der elementare Vorteil der Eigenfinanzierung gegenüber der Fremdfinanzierung besteht darin, dass keine laufenden Zinskosten und Kreditrückzahlungsraten für das Kapital anfallen. Eine hohe Fixkostenbelastung durch Zins- und Ratenzahlungen kann ein Unternehmen in Krisenzeiten ins Verderben führen.

➤ *Eigenfinanzierung*

Benötigt ein Unternehmen zusätzliche Eigenmittel (zB durch weitere Partner), erfolgt die **Eigenmittel-Erhöhung** oft auch im Zuge einer **Umgründung**, zB:

➠ ein Einzelunternehmen wird in eine KG umgewandelt

➠ eine GmbH wird in eine Aktiengesellschaft umgegründet

Eine Möglichkeit besteht jedoch auch durch die Hereinnahme so genannter **stiller Gesellschafter**, die am Unternehmensgewinn beteiligt werden.

Zu den Vor- und Nachteilen, Rechten und Pflichten im Rahmen der einzelnen Rechtsformen siehe EBC*L Stufe A, Wirtschaftsrecht.

3. 2. 1. JUNGE AKTIEN

Aktiengesellschaften können durch die Ausgabe neuer Aktien (= **Emission junger Aktien**) zusätzliche Kapitalmittel erschließen. Dieser Vorgang wird auch **Kapitalerhöhung** genannt. Es handelt sich dabei um Eigenkapital. Die neuen Aktionäre sind am Unternehmen beteiligt und profitieren von Gewinnausschüttungen (= Dividende) und von steigenden Kurswerten (= Kursgewinn). Weiters haben sie in der Regel auch Stimmrechte in der Hauptversammlung.

➤ *Junge Aktien*

EBC*L – Finanzierung

Als Mitunternehmer nehmen Aktionäre auch das Risiko in Kauf, dass sie „leer ausgehen", wenn keine Gewinne, sondern Verluste erwirtschaftet werden, oder wenn der Kurswert der Aktien sinkt (= Kursverlust).

3. 2. 2. VENTURE CAPITAL

(Nicht prüfungsrelevant)

In den letzten Jahren hat sich der Begriff **Venture Capital** (= Risikokapital) stark verbreitet. Darunter wird verstanden, dass sich so genannte Venture Capital-Fonds an sehr riskanten Unternehmen (vorwiegend im Hightech Bereich) beteiligen. In vielen Fällen stellen diese nicht nur Geld zur Verfügung, sondern auch Beratungsleistungen. Die Beteiligung an den Unternehmen ist zumeist zeitlich begrenzt. Die Venture Capital-Geber erhoffen sich, dass sie die erworbenen Unternehmensanteile nach einigen Jahren mit hohem Gewinn verkaufen können.

3. 3. Fremdfinanzierung

Lernziele:

➤ Möglichkeiten der Fremdfinanzierung nennen und erläutern können.

➤ Den Begriff „Bonität" und „Bonitätsprüfung" erläutern können.

➤ Den Begriff „Bankkredit" erläutern können.

➤ Die Begriffe „Nominalzins" und „Effektivzins" erläutern können.

➤ Den Begriff „Kontokorrentkredit" erläutern können.

➤ Den Begriff „Lieferantenkredit" erläutern können.

➤ Den Begriff „Anleihe" erläutern können.

➤ Den Begriff „Leasing" erläutern können.

➤ Den Begriff „Factoring" erläutern können.

Lernziele

Ist eine Eigenfinanzierung nicht möglich oder nicht erwünscht, dann muss eine **Fremdfinanzierung** angestrebt werden. Zu den möglichen Arten der Fremdfinanzierung zählen Bankkredit, Kontokorrentkredit, Lieferantenkredit, Leasing, Anleihen und Factoring.

➤ *Fremdfinanzierung*

Voraussetzung, um eine Fremdfinanzierung zu erhalten, ist eine gute Kreditwürdigkeit (= **Bonität**). Zur Prüfung der Bonität werden die Finanzierungsinstitutionen

➤ *Bonität*

- die wirtschaftliche Lage des Unternehmens, sowie dessen Zukunftsaussichten analysieren (Bilanz, GuV-Rechnung, Kennzahlen-Analyse, Branchen-Analyse, Business Plan)
- Sicherheiten verlangen
- die Unternehmensführung unter die Lupe nehmen (fachliches und betriebswirtschaftliches Know how, persönliche Vertrauenswürdigkeit etc.)

Hinweis

Hinweis: Die Bonitätsprüfung erfolgt im verstärkten Ausmaß, nachdem die so genannte **Basel II-Richtlinie** von der EU verabschiedet wurde. Obwohl hier die Banken nur bei Großkrediten zu einer ausführlichen Bonitätsprüfung verpflichtet sind, erfolgt diese mittlerweile auch bei kleineren Kreditbeträgen.

Fremdfinanzierung

3. 3. 1. BANKKREDIT

➤ Bankkredit

Die klassische Form der Fremdfinanzierung ist der Kredit von der Bank. Dieser wird in der Regel nur nach einer Bonitätsprüfung gewährt werden.

Die Bank gewährt einen Kredit unter der Voraussetzung, dass

- dafür Zinsen bezahlt werden, und
- der gesamte Kreditbetrag zurückgezahlt wird.

Bei der Tilgung des Kredits können verschiedene Varianten unterschieden werden:

- laufende Kreditraten (monatlich oder quartalsweise) werden sofort ab Kreditaufnahme fällig
- die Ratenzahlungen beginnen einige Monate später
- der Kredit muss erst am Ende der vereinbarten Laufzeit zurückbezahlt werden (endfälliger Kredit)

Folgende Kosten können bei der Aufnahme eines Kredits anfallen:

- Zinsen
- Provisionen bei Abschluss des Kredits
- Gebühren (einmalige und laufende)
- Kreditsteuern

➤ Nominalzinssatz

➤ Effektivzinssatz

Beim Vergleich von Kreditangeboten sollte unbedingt beachtet werden, dass sich ein günstig klingender Kredit („nur x % Zinsen") durch hohe Neben-kosten oft als sehr teurer Kredit herausstellen kann. Um Kredite miteinander vergleichen zu können, ist es empfehlenswert, den so genannten Effektivzinssatz zu berechnen, der sämtliche Kreditkosten (Provisionen, Gebühren etc.) berücksichtigt. Man spricht daher vom Unterschied zwischen **Nominalzinssatz** und (dem höheren) **Effektivzinssatz**.

3. 3. 2. KONTOKORRENTKREDIT

➤ Kontokorrenkredit

Eine der wohl am häufigsten genutzten Kreditarten ist der Kontokorrentkredit. Darunter versteht man die Ausnutzung eines Überziehungsrahmens (auch Kreditlinie genannt), den Banken den Unternehmen für deren Firmenkonten gewähren. Ein Unternehmen richtet dazu – wie jeder Private auch - ein Konto bei einer Bank ein. Über dieses Konto können laufende Einzahlungen und laufende Auszahlungen abgewickelt werden.

EBC*L – Finanzierung

Die laufenden Ein- und Auszahlungen führen dazu, dass sich das Konto manchmal im Plus, manchmal aber auch im Minus befinden wird. Für den jeweiligen Kontostand fallen Zinsen an, die nach Tagen abgerechnet werden. Diese sind meistens sehr gering, wenn es sich um ein Guthaben handelt, jedoch extrem hoch, wenn der Kontostand ins Minus rutscht.

Beispiel

Beispiel:

Guthabenzinsen: 0,25 %

Überziehungszinsen: 13 %

Aufgrund der üblicherweise hohen Zinsbelastung ist der Kontokorrentkredit nur bei kurzfristigem Kapitalbedarf anzuraten. Allerdings ist diese Kreditvariante bei Unternehmen deswegen so beliebt, da die Ausnutzung des Überziehungsrahmens gleichsam automatisch und formlos gewährt wird. Hat man einmal ein Bankkonto eingerichtet und einen Überziehungsrahmen vereinbart (= Höchstbetrag, bis zu dem das Konto ins Minus rutschen darf), muss man nicht bei jedem Anlassfall extra zur Bank pilgern, um einen Kredit gewährt zu bekommen.

Die Höhe des Überziehungsrahmens ist von der Bonität bzw. Kreditwürdigkeit des Unternehmens abhängig. Der Rahmen wird bei Kleinunternehmen nur einige tausend Euro betragen, bei bekannten großen Konzernen kann dieser mehrere Millionen Euro hoch sein.

3. 3. 3. LIEFERANTENKREDIT

Darunter ist zu verstehen, dass man die Zahlungsfristen, die von Lieferanten gewährt werden, ausnutzt. Auf diese Weise verschafft man sich einen Zeitpolster, bis der Abfluss der liquiden Mittel erfolgt.

➤ *Lieferantenkredit*

Beispiel:

Die Zahlung hat innerhalb von 10 Tagen ohne jeden Abzug zu erfolgen. Danach werden 2 % Zinsen pro Monat verrechnet. Hier bietet es sich an, die 10 Tage Zahlungsfrist bis zum letzten Tag zu nutzen.

Darüber hinaus nehmen viele Unternehmen auch die Verzugszinsen in Kauf - oftmals in Unkenntnis darüber, dass die oben genannte Regelung „2% Zinsen pro Monat" einem horrenden Jahreszins von 32 % entspricht.

Beispiel

3. 3. 4. LEASING

> Leasing

Diese Finanzierungsvariante hat sich bei der Finanzierung von Investitionen als bewährte Alternative zum klassischen Bankkredit etabliert. Dabei reicht die Palette der möglichen Leasing-Güter von Computern, Fahrzeugen, Immobilien bis hin zur schlüsselfertigen Fabrikanlage.

Unter Leasing versteht man die besondere Form eines Mietvertrags, der zwischen Leasinggeber und Leasingnehmer abgeschlossen wird. Das bedeutet, dass das Leasinggut (Leasingobjekt) im Eigentum des Leasinggebers verbleibt.

Vereinbart wird, dass der Leasingnehmer das Leasingobjekt (zB ein Auto) nutzen kann und dafür eine Leasingrate bezahlt, die die beim Leasinggeber anfallenden Kosten für die Finanzierung, den Verwaltungsaufwand sowie das Risiko abdeckt.

Es können darüber hinaus Vereinbarungen getroffen werden,

- ob das Leasingobjekt am Ende der vereinbarten Laufzeit an den Leasinggeber zurück gegeben wird oder vom Leasingnehmer gegen einen bestimmten Betrag gekauft werden kann
- ob Versicherungen abzuschließen sind, die das Untergangsrisiko (zB Totalschaden am Auto) abdecken
- etc.

Im Laufe der Jahre wurde eine unüberschaubare Anzahl an Leasingvarianten entwickelt. Dies unter anderem deshalb, da findige Steuerexperten das Leasing als äußerst Steuer schonende Finanzierungsalternative gesehen haben. Diese steuerlichen Schlupflöcher wurden jedoch immer wieder vom Staat geschlossen.

Unternehmen stehen oft vor der Alternative, ob sie eine Investition mit einem Kredit oder durch Leasing finanzieren sollen. Folgende Entscheidungskriterien spielen dabei eine Rolle:

- der Effektivzinsvergleich
- bilanzpolitische Aspekte: Beim Kredit finanzierten Kauf eines Autos scheint sowohl das Auto als auch der Kredit in der Bilanz auf. Beim Leasing treten nur die Leasingraten als Aufwand in Erscheinung.
- steuerliche Aspekte

Es kann nur im jeweiligen Einzelfall entschieden werden, ob Leasing oder eine Kreditfinanzierung die bessere Variante ist.

Sale-and-lease-back

(Nicht prüfungsrelevant)

Unter dieser Leasing-Variante ist zu verstehen, dass Unternehmen ein Anlagegut (zB Fuhrpark, Maschinen) an Leasinggesellschaften verkaufen und von diesen dann wieder „zurück" mieten bzw. leasen. Dieses Vorgehen dient der kurzfristigen Beschaffung liquider Mittel. Viele Fluggesellschaften haben versucht, ihre Krisenzeiten durch solche Geschäfte zu überwinden. Allerdings können auch bilanzpolitische Gründe für dieses Verfahren ausschlaggebend sein.

3. 3. 5. ANLEIHEN

▶ Anleihen

Insbesondere Großunternehmen wollen ihre Abhängigkeit von Banken, die sich bei der Vergabe von Großkrediten häufig auch gewisse Informations- und Mitspracherechte sichern, vermeiden. Daher borgen sie sich das benötigte Geld für Investitionen nicht von Banken aus, sondern von Privatpersonen oder anderen Institutionen. Dazu geben sie so genannte **Anleihen** aus (= Emission von Anleihen). Dabei handelt es sich um Wertpapiere, die dem Inhaber bestätigen, dass sie

- dem Unternehmen einen bestimmten Geldbetrag zur Verfügung gestellt haben, und dass dieser Betrag nach einer gewissen Laufzeit wieder zurück bezahlt wird
- für den zur Verfügung gestellten Kapitalbetrag eine garantierte Verzinsung bekommen.

Von Unternehmen ausgegebene Anleihen bieten meistens eine bessere Verzinsung als herkömmliche Sparbücher oder Anleihen, die vom Staat herausgegeben (emittiert) werden (= Staatsanleihen). Die besseren Konditionen sind durch das höhere Risiko begründet, das Anleihenkäufer in Kauf nehmen müssen. Geht das Unternehmen in Konkurs, dann ist auch das geborgte Geld verloren. Anleihen stellen für das Unternehmen Fremdkapital dar. Sie werden an dritte Personen / Institutionen ausgegeben und können – wie Aktien auch - teilweise über die Börse verkauft werden.

3. 3. 6. FACTORING

▶ *Factoring*

Beim Factoring handelt es sich um den Verkauf von Forderungen, die ein Unternehmen gegenüber seinen Kunden hat, an eine so genannte Factoring-Gesellschaft (meistens eine Bank).

Beispiel: Ein Unternehmen hat einen Auftrag über 10.000 Euro abgewickelt und die Rechnung an den Kunden bereits ausgestellt. Der Betrag muss aufgrund einer Sondervereinbarung erst in einem halben Jahr bezahlt werden.

Diese Forderung wird in weiterer Folge an eine Factoringbank verkauft. Diese bezahlt dafür jedoch nicht die vollen 10.000 Euro, sondern zieht einen entsprechenden Anteil ab für:

- Zinsen
- Übernahme des Konkursrisikos (des Kunden)
- Verwaltungsaufwand

Bei dieser Finanzierungsvariante hat das Unternehmen den **Vorteil**, dass es sofort an liquide Mittel kommt, und nicht auf den Eingang der Forderung warten muss, nicht mehr mit dem Einmahnen der Forderung (Mahnwesen) beschäftigt ist, und zudem das Risiko, dass der Kunde in Konkurs gehen könnte, wegfällt.

Diesen Vorteilen steht jedoch der gewichtige **Nachteil** gegenüber, dass Factoringbanken beim Eintreiben von Forderungen alles andere als zimperlich sind. Es besteht somit die Gefahr, dass Kunden verärgert reagieren und verloren gehen könnten.

FALLBEISPIEL PROFI-SCHIEDSRICHTER

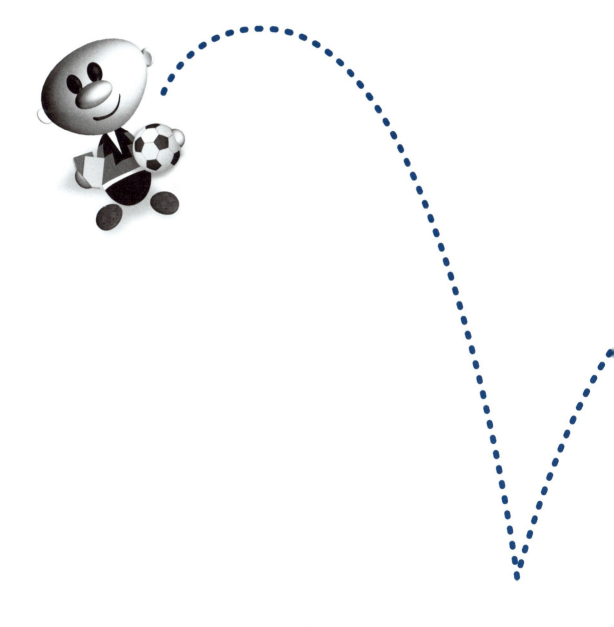

4. 1. Fallbeispiel: Profi-Schiedsrichter

Abschließend haben Sie Gelegenheit das erlernte Wissen nochmals anhand des Beispiels von Herrn Herzog anzuwenden. Dieses Mal machen wir allerdings aus dem Schiedsrichter-Hobby ein kleines Unternehmen: Herr Herzog wird Profi-Schiedsrichter.

Hinweise

Hinweis 1: Es handelt sich um ein schon etwas komplexeres Beispiel. Dieses sollte am besten gemeinsam mit einem Trainer durchgearbeitet werden. Wollen Sie es dennoch alleine versuchen, dann finden Sie die Lösungen unter **www.easy-business.cc/buch**

Hinweis 2: Bei der EBC*L Prüfung selbst müssen Sie nicht mit solch einer komlexen Aufgabe rechnen.

4. 1. 1. HERR HERZOG WIRD PROFI-SCHIEDSRICHTER

Beispiel

Herr Herzog hat sich in drei Jahren ein ausgezeichnetes Image als Schiedsrichter erworben. Immer öfter wird der Ruf laut, dass er seinen „bürgerlichen" Beruf aufgeben soll, und sich als Profi-Schiedsrichter sein Brot verdienen sollte. Für Herrn Herzog wäre das ein Traum. Allerdings hat er eine Frau und zwei kleine Kinder zu ernähren und möchte daher keine voreilige Entscheidung treffen. „Besser zehn Mal gerechnet, als einmal verschätzt," lautet seine Devise.

Wenn er sich tatsächlich als Schiedsrichter selbstständig machen wollte, müsste er einiges investieren und geht von folgenden Ausgangsdaten aus:

Fallbeispiel: Profi-Schiedsrichter

Beispiel

	€	
➡ Profi-Ausbildungskurs und Schieds-richter-Lizenz (gültig für vier Jahre): wird aktiviert und auf vier Jahre abgeschrieben	€	10.000
➡ komfortables und sicheres Auto für seine vielen Reisen: er rechnet, dass er 4 Jahre lang damit fahren wird	€	40.000
➡ Computer mit großem Bildschirm voraussichtliche Nutzungsdauer: 4 Jahre	€	2.000
➡ kleines Büro - Miete monatlich	€	400
➡ Internet monatlich	€	30
➡ Handygebühren (Pauschalbetrag) monatlich	€	50
➡ sonstige laufende Ausgaben pro Monat	€	100
➡ Zinsen für den Kredit (pro Jahr)	€	3.000
➡ Fahrtkosten und Unterkunft pro Spiel	€	200

Um seine privaten Fixkosten decken zu können, benötigt Herr Herzog 2.000 Euro monatlich (Hinweis: Ist als Gesamtbetrag in der Plan-GuV-Rechnung als normaler Kostenfaktor zu berücksichtigen; Steuerfrage ist für dieses Beispiel nicht relevant)

Im Juni plant Herr Herzog folgende Investitionen zu tätigen:

	€	
➡ Großbild-Fernseher und Anlage für die Video-Analysen seiner Spiele Nutzungsdauer: 5 Jahre	€	1.500
➡ Waschmaschine und Trockner (er möchte seine Berufskleidung selbst reinigen) Nutzungsdauer: 8 Jahre	€	800

Herr Herzog hat sich in den letzten Jahren einiges auf die Seite legen können und verfügt über ein Sparguthaben von 18.000 Euro.

Von der Bank hat Herr Herzog bereits die Zusage über einen Kredit in Höhe von 40.000 Euro bekommen. Die für den Kredit anfallenden Zinsen betragen - wie in der Tabelle bereits berücksichtigt - jährlich 3.000 Euro. Diese sind im ersten Jahr erst im Dezember fällig. (Hinweis: Es handelt sich um einen endfälligen Kredit. Die Kreditrückzahlung erfolgt am Ende der Laufzeit).

Mit dem Gesamtkapital in Höhe von 58.000 Euro sind die Grundinvestitionen in die Ausbildung, das Auto und den Computer gedeckt. Zudem bleiben 6.000 Euro für die Kasse.

Beispiel

Die Fußball-Bundesliga zahlt pro Einsatz 1.500 Euro.

Die Zahlungen erfolgen alle vier Monate im nachhinein (Anfang Mai / Anfang September / Anfang Januar)

Als Profi-Schiedsrichter werden ihm 48 Einsätze pro Jahr zugesagt. Diese verteilen sich auf das Jahr folgendermaßen:

Monat	Einsätze	Monat	Einsätze
Januar	0	Juli	5
Februar	2	August	4
März	5	September	5
April	5	Oktober	5
Mai	5	November	5
Juni	5	Dezember	2

4. 1. 2. AUFGABEN: FINANZPLANUNG

1. Erstellen Sie eine Plan-Eröffnungsbilanz mit Beginn des Jahres (01.01. 200x). (Hinweis: Die Lösung dazu finden Sie auf der letzten Seite; probieren Sie es aber vorerst selbst. Bevor Sie die weiteren Punkte angehen, sollten Sie allerdings Ihre Lösung mit der Musterlösung vergleichen, damit Ihre Ausgangsbasis richtig ist.)

2. Erstellen Sie eine Plan-GuV-Rechnung (in Staffelform)
   → Berechnen Sie dazu auch den Deckungsbeitrag (Rohertrag) und den Cash flow.

3. Erstellen Sie einen monatlichen Liquiditätsplan für das erste Geschäftsjahr
   → Stellen Sie fest, in welchem Monat/in welchen Monaten es eine Überdeckung, in welchen es eine Unterdeckung gibt.

4. Erstellen Sie eine Plan-Bilanz zum Ende des Jahres (31.12. 200x).

5. Berechnen Sie folgende Plan-Kennzahlen und geben Sie dazu eine Beurteilung ab:
   → Eigenkapitalrentabilität (basierend auf der Plan-GuV-Rechnung und der Plan-Eröffnungsbilanz)
   → Eigenkapitalquote (basierend auf der Plan-Bilanz am Jahresende)

4. 1. 3. AUFGABEN: INVESTITIONSRECHNUNG

6. Berechnen Sie den Break-Even-Point für ein Jahr (alle Fixkosten werden auf 1 Jahr gerechnet).

7. Berechnen Sie den Mindestumsatz (Break-Even-Umsatz).für ein Jahr

8. Nennen Sie drei Variable, die geändert werden könnten, damit sich die Werte verbessern.

4. 1. 4. AUFGABEN: BUSINESSPLAN, MARKETING

9. Erstellen Sie für Herrn Herzog als Schiedsrichter eine Corporate Vision.
10. Erstellen Sie für Herrn Herzog als Schiedsrichter ein Corporate Design.
11. Wer könnten die Stakeholder von Herrn Herzog sein?
12. Wer ist der Kunde von Herrn Herzog? Welche Bedürfnisse hat dieser?
13. Welche Marketing-Maßnahmen wären für Herrn Herzog denkbar?
14. Erläutern Sie, gemäß der Maslow-Pyramide welche Bedürfnisse sich Herr Herzog mit dem Schiedsrichter-Job erfüllen könnte.

4. 1. 5. FALLBEISPIEL: PROFI-SCHIEDSRICHTER LÖSUNG ZU FINANZPLANUNG, PUNKT 1:

ERÖFFNUNGSBILANZ HERZOG

AKTIVA	
Ausbildung und Lizenz	€ 10.000,–
Auto	€ 40.000,–
Computer	€ 2.000,–
Kassenbestand	€ 6.000,–
SUMME AKTIVA	**€ 58.000,–**

PASSIVA	
Eigenkapital	€ 18.000,–
Bankkredit	€ 40.000,–
SUMME PASSIVA	**€ 58.000,–**

Erläuterung:
Die Bilanz wurde in diesem Fall auf Grundlage der Annahme erstellt, dass erste Investitionen in die Ausbildung, das Auto und den Computer bereits getätigt wurden.

Hinweis

Hinweis: Die Ausbildung samt Lizenz wurde in der Bilanz aktiviert. Die 10.000 Euro werden auf 4 Jahre abgeschrieben. In einer offiziellen (externen) Bilanz wäre es fraglich, ob diese Ausgaben aktiviert werden dürfen. In der internen Bilanz (= Finanzplanung) besteht jedoch Gestaltungsfreiheit.

ABSCHLIESSENDER HINWEIS:

Wie vorhin erwähnt, bekommen Sie die Lösungen zu den weiteren Punkten entweder von einem Trainer Ihres Vertrauens oder Sie können diese auch über Internet anfordern: www.easy-business.cc/buch

GLOSSAR

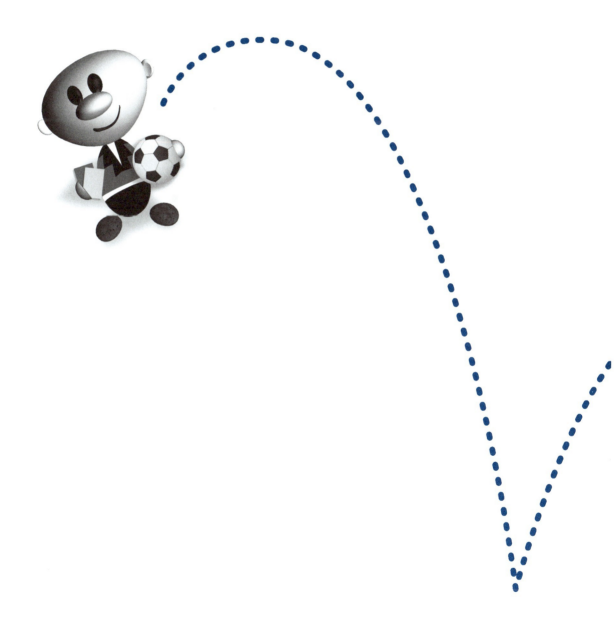

Glossar

Auf den nächsten Seiten finden Sie einige der wesentlichsten Begriffe aus dem EBC*L Lernzielkatalog Stufe A aufgelistet. Bitte beachten Sie jedoch, dass dieses Glossar auch Begriffe enthält, die nicht für die EBC*L Prüfung relevant sind.

Abschreibung

Die Abschreibung bzw. Absetzung für Abnutzung, kurz AfA genannt, berücksichtigt die Wertminderung von Anlagegütern und berechnet sich wie folgt:

$$\text{jährliche AfA} = \frac{\text{Anschaffungswert}}{\text{Nutzungsdauer}}$$

Die Abschreibung wird als Aufwand in der Gewinn- und Verlustrechnung verbucht. Dieser Aufwand hat keinen tatsächlichen Geldfluss (im Sinne von Zahlung) zur Folge.

Aktie

Eine Aktie ist ein Wertpapier, das den Mitbesitz an einer Aktiengesellschaft verbrieft. Neben dem Stimmrecht in der Hauptversammlung hat ein Aktionär ein Recht auf Dividende (= Anteil am jährlich ausgeschütteten Gewinn). Eine weitere Gewinnchance (und für viele Käufer die eigentliche Triebfeder für den Kauf von Aktien) besteht durch einen möglichen Kursanstieg der Aktie. Das bedeutet, dass die Aktie teurer verkauft werden kann, als sie eingekauft wurde (= Kursgewinn).

Der Wert einer Aktie kann auch unter den ursprünglichen Kaufpreis fallen (= Kursverlust).

Das Risiko der Aktionäre ist auf den Preis, zu dem eine Aktie erworben wurde, beschränkt.

Aktiengesellschaft (AG)

Die Aktiengesellschaft, abgekürzt AG, dient als Instrument zur Kapitalbeschaffung, indem man Interessenten sucht, die sich am Unternehmen beteiligen.

Die Beteiligung erfolgt durch den Kauf von Aktien. Mit dem Kauf einer Aktie (eines Unternehmensanteils) erwirbt der Aktionär ein Recht auf einen Gewinnanteil (= Dividende) und ein Stimmrecht in der Hauptversammlung der Aktionäre.

Die Hauptversammlung wählt den Aufsichtsrat, dieser bestellt und kontrolliert den Vorstand. Der Vorstand führt die Geschäfte der AG. Die Aktiengesellschaft ist eine Kapitalgesellschaft, zur Gründung ist ein Grundkapital erforderlich.

Aktiva

Aktiva ist ein Synonym für die Vermögenseite einer Bilanz.

Aktive Rechnungsabgrenzung

Rechnungsabgrenzungen dienen der periodengerechten Erfassung von Aufwendungen und Erträgen. In der Gewinn- Verlustrechnung dürfen nur jene Aufwendungen und Erträge verrechnet werden, die wirtschaftlich in die Abrechnungsperiode gehören.

Bereits vorausbezahlte Aufwendungen für die nächste Geschäftsperiode müssen von der GuV-Rechnung ausgeschieden und auf der Aktiva-Seite der Bilanz als „Aktive Rechnungsabgrenzung" aktiviert werden.

Aktivierungspflicht

Die Aktivierungspflicht entsteht beim Kauf von Anlagevermögen. Aktivieren heißt, dass man ein erworbenes Anlagegut in die Aktivseite der Bilanz aufnimmt. (Ein Kauf von Anlagegütern ist daher kein Aufwand, der in der GuV-Rechnung berücksichtigt wird).

Anlagevermögen

Zum Anlagevermögen zählen jene Vermögensgegenstände, die einem Unternehmen längerfristig zur Verfügung stehen. Dazu gehören zB Gebäude, Grundstücke, Fahrzeuge, Maschinen, Büroeinrichtungen, usw.

Anschaffungswert

Zum Anschaffungswert eines Anlagegutes gehören insbesondere der Kaufpreis, aber auch etwaige anfallende Nebenkosten, wie Verpackung, Vertragserrichtungskosten, Montage etc.

Der Anschaffungswert eines Vermögensgegenstandes dient (in der Finanzbuchhaltung) als Basis für die Berechnung der jährlichen Abschreibungsrate.

Aufwendungen

Aufwendungen werden auf der linken Seite der Gewinn- und Verlustrechnung (im Soll) verbucht. Es handelt sich dabei um Geschäftsfälle, die im Laufe des Jahres zu einem Verzehr an Gütern, Leistungen oder Werten führen, also ein Unternehmen ärmer machen, zB:

- der Einsatz an Waren (Verzehr an Gütern)
- Kosten für das Personal (Verzehr an Leistungen),
- Abschreibungen (Verzehr an Werten) usw.

Ausgaben

Ausgaben führen immer zu einer Geldausgabe (in bar oder vom Bankkonto), also einem tatsächlichen Geldfluss.

- Ausgaben können ein Aufwand sein, also ein Unternehmen ärmer machen (zB Mietaufwand, Personalkosten, Telefonkosten, Zinszahlungen usw.) Achtung!!! Nicht jeder Aufwand ist zugleich eine Ausgabe (zB. Abschreibungen).
- Ausgaben können für die Beschaffung von Vermögensgegenständen gemacht werden. Da man einen bleibenden Gegenwert erhält, ist das Vermögen in die Bilanz aufzunehmen (zu aktivieren), Geschäftsfälle dieser Art machen ein Unternehmen nicht ärmer sondern wirken sich nur in der Bilanz aus: Tausch Geld gegen Vermögensgegenstand.

Außerordentliches Ergebnis

Gewinn und Verlust, der durch außergewöhnliche Ereignisse entsteht. Sie sind ungewöhnlich in Bezug auf die Geschäftstätigkeit und fallen meist nur einmalig an wie zB der Verkauf eines Filialbetriebs, ein Brandschaden usw.

Bankguthaben

Guthaben auf der Bank; es wird auf der Aktivaseite (Vermögenseite) der Bilanz ausgewiesen und zählt zu den liquiden Mitteln eines Unternehmens.

Ein Bankkredit hingegen wird auf der Passivaseite (Kapitalseite) der Bilanz ausgewiesen und zählt zum Fremdkapital.

Bankkredit

Kaum ein Unternehmen ist in der Lage, seine sämtlichen Vermögenswerte und Ausgaben ausschließlich aus eigenen Mitteln zu finanzieren. Banken stellen Kredite für die unternehmerischen Tätigkeiten bereit. Bevor das Geld ausbezahlt wird, überprüfen die Banken die Kreditwürdigkeit des Kreditnehmers und verlangen Sicherstellungen für ihr Geld (zB. Hypotheken auf Grundstücke, Bürgschaften usw.)

Belege

Oberstes Prinzip der Buchhaltung: Keine Buchung ohne Beleg. Geschäftsfälle dürfen nur dann in der Buchhaltung erfasst werden, wenn sie schriftlich belegt sind. Alle Belege müssen gesammelt, verbucht und aufbewahrt werden.

Benchmarking

Messen am besten Konkurrenten (= externes Benchmarking) oder an den besten Abteilungen, den besten Mitarbeitern etc. des eigenen Unternehmens (= internes Benchmarking).

Ziel ist es, von den Besten zu lernen. Grundlage des Benchmarkings sind Kennzahlen, die einen Vergleich ermöglichen.

Berichtswesen

Auch Reporting genannt

Darunter wird ein Steuerungs- und Kontrollsystem verstanden, das dazu dient, die Zielerreichung eines Unternehmens bzw. einzelner Bereiche zu gewährleisten. Zu den Bestandteilen des Berichtswesens gehören Kennzahlen, Zieldefinitionen, Soll-Ist-Vergleiche, Profit Center-Rechnungen, Betriebsabrechnungsbögen etc.

Betriebliche Aufwendungen

Aufwendungen, die durch das Kerngeschäft bzw. die ureigenste Tätigkeit eines Unternehmens verursacht werden.

Betriebliche Erträge

Erträge, die durch das Kerngeschäft bzw. die ureigenste Tätigkeit eines Unternehmens erwirtschaftet werden.

Betriebsabrechnungsbogen (BAB)

Der Betriebsabrechnungsbogen, abgekürzt BAB, ist ein Berechnungsformular, auf dem die Kosten, welche die einzelnen Kostenstellen verursacht und zu verantworten haben, aufgelistet werden.

Der Betriebsabrechnungsbogen dient weiters zur Kontrolle, ob sich die Höhe der Kosten im Rahmen der Ziele befindet, oder ob mehr Kosten als vereinbart verursacht wurden (Soll-Ist-Vergleich).

Betriebsergebnis

Das Betriebsergebnis ist ein Gewinn oder Verlust aus dem Kerngeschäft eines Unternehmens und ergibt sich durch die Gegenüberstellung der betrieblichen Erträge und der betrieblichen Aufwendungen. In manchen Unternehmen wird das Betriebsergebnis (der Betriebserfolg) auch operatives Ergebnis oder technisches Ergebnis genannt.

Betriebsmittel

Der Verbrauch von Betriebsmitteln (zB Waren, Rohstoffe, Büromaterial usw.) wird als Aufwand in der Gewinn- und Verlustrechnung verbucht.

Betriebsüberleitungsbogen (BÜB)

Mit Hilfe des Betriebsüberleitungsbogens, abgekürzt BÜB, erfolgt die Überleitung der Aufwendungen aus der Finanzbuchhaltung in Kosten für die Zwecke der Kostenrechnung.

Bilanz

Eine Bilanz besteht aus zwei Seiten und zeigt eine Gegenüberstellung von Vermögen und Kapital zu einem bestimmten Zeitpunkt. Das Vermögen ist auf der linken Seite (= Soll-Seite), das Kapital ist auf der rechten Seite der Bilanz (= Haben-Seite) aufgelistet. Die Summen auf beiden Seiten müssen immer gleich hoch sein, da die Vermögenswerte durch das Kapital finanziert sind.

Bilanzanalyse

Aufgabe der Bilanzanalyse ist es, die Daten des Jahresabschlusses (Bilanz und GuV-Rechnung) so aufzubereiten und zu interpretieren, dass sinnvolle Aussagen über die wirtschaftliche und finanzielle Situation des betreffenden Unternehmens gemacht werden können.

Eine Bilanzanalyse ist nicht nur unternehmensintern interessant, sondern wird auch von Unternehmensexternen vorgenommen. Das können Kreditgeber, Banken, Konkurrenten oder staatliche Behörden sein.

Externe Bilanzanalytiker versuchen sozusagen hinter die Kulissen der Bilanz zu blicken und die tatsächliche Wirtschaftslage des Betriebes zu erkennen. Instrumente der Bilanzanalyse sind vorwiegend Kennzahlen.

Bilanzgewinn

Der Bilanzgewinn ist jener Betrag, der an die Gesellschafter ausgeschüttet wird. Der Bilanzgewinn ergibt sich wie folgt:

	Jahresergebnis nach Steuern
-	Bildung (+ Auflösung) von Rücklagen
=	Bilanzgewinn

Bilanzsumme

Die Bilanzsumme ist gleichzusetzen mit der Summe Vermögen bzw. Summe Kapital einer Bilanz.

Bilanzvergleich (Betriebsvermögensvergleich)

Beim Bilanzvergleich erfolgt die Ermittlung des Jahresergebnisses durch die Gegenüberstellung des Eigenkapitals in der Schlussbilanz mit dem Eigenkapital in der Eröffnungsbilanz. Ist das Eigenkapital größer geworden, wurde ein Gewinn erwirtschaftet, ist es kleiner geworden, ein Verlust.

Im Fachjargon spricht man auch von „Gewinnermittlung durch Betriebsvermögensvergleich", weil das durch Eigenkapital finanzierte Vermögen (= Betriebsvermögen oder Reinvermögen) zu zwei verschiedenen Zeitpunkten festgestellt und verglichen wird.

Bonität

In der Praxis gebräuchlicher Begriff für Kreditwürdigkeit.

Bruttopreis

Rechnungsbetrag inklusive Umsatzsteuer.

Buchführungspflichten

Gesetzliche Vorschriften legen fest, nach welchen Grundsätzen Unternehmer ihre Bücher führen müssen. Umfang und Aufwand für die Führung der Bücher sind abhängig von Größe und Rechtsform eines Unternehmens.

Buchhaltung

Zweck der Buchhaltung ist es, einen klaren Überblick über die finanzielle Situation eines Unternehmens zu geben; über den Vermögens- und Schuldenstand, aber auch darüber, ob in einem abgelaufenen Geschäftsjahr ein Gewinn oder Verlust erwirtschaftet wurde.

Dies erfolgt durch die laufende, systematische Aufzeichnung aller Geschäftsfälle

Budget

Vorschau auf die erwarteten Einnahmen und die geplanten Ausgaben für Personal, Waren- und Materialeinsatz, Investitionen etc., die in einem Unternehmen bzw. in einem Bereich (zB Abteilung, Filiale) voraussichtlich anfallen werden.

Die Budgetierung ist ein wichtiges Planungs-, Führungs- und Kontrollinstrument.

Bürgschaft

Bürgen dienen Kreditgebern als Sicherheit. Eine Bürgschaft ist ein Vertrag, durch den sich ein Bürge verpflichtet für die Erfüllung einer Schuld einzustehen, sollte der eigentliche Schuldner nicht zahlen. In der Praxis erfolgt dies durch Mitunterfertigung eines Kreditvertrages und Unterzeichnung einer separaten Bürgschaftserklärung.

Cash flow

Der Cash flow ist der Überschuss der Einnahmen über die tatsächlichen Ausgaben. Das Jahresergebnis eines Unternehmens alleine ist oft wenig aussagekräftig. Daher wird es um jene Geschäftsfälle bereinigt, die das Ergebnis nur auf dem Papier beeinflussen. Zu diesen „Papiertigern" zählen Abschrei-

bungen und Rückstellungen - sie vermindern zwar den in der GuV-Rechnung ausgewiesenen Gewinn, verursachen aber keine tatsächliche Ausgabe. Die Grundformel zur Berechnung des Cash flow lautet:

	Jahresergebnis
+	Abschreibungen
+/-	Bildung Rückstellungen
=	**Cash flow**

Der Cash flow gibt Auskunft über die Ertragskraft eines Unternehmens. Er steht für Gewinnausschüttungen, Investitionen oder Kreditrückzahlungen zur Verfügung.

Debitor

Gebräuchlicher Begriff für Schuldner. In der Buchführung verwendete Bezeichnung für Forderungen aus Lieferungen und Leistungen

Deckungsbeitrag

Der Deckungsbeitrag dient als Basis für viele betriebswirtschaftliche Entscheidungen eines Unternehmens wie zB:

- Soll ein zusätzlicher Auftrag angenommen werden?
- Soll ein Produkt gefördert oder aus dem Programm gestrichen werden?
- Um welche Kunden soll man sich besonders kümmern, von welchen sollte man sich eher verabschieden?
- Soll ein Bereich / eine Filiale weitergeführt oder geschlossen werden?

Der Deckungsbeitrag wird in der Betriebswirtschaftsliteratur definiert als Überschuss der Einnahmen abzüglich der variablen Kosten bzw. der Einzelkosten.

Direkte Kosten

Auch Direktkosten oder Einzelkosten genannt.

Kosten, die eindeutig einem einzelnen Produkt (Kostenträger) oder einem einzelnen Bereich (Kostenstelle) zugeordnet werden können

Typische Beispiele dafür: Materialverbrauch, Wareneinsatz, Fertigungsstunden

Dividende

Der Gewinnanteil einer Aktie heißt Dividende. Die Höhe der Dividende hängt von den Gewinnen und der Ausschüttungspolitik der Aktiengesellschaft ab. Die AG muss und kann Teile der Gewinne einbehalten (Rücklagen bilden).

Dividenden unterliegen der Kapitalertragssteuer.

Doppelte Buchhaltung

Die doppelte Buchhaltung ist dadurch gekennzeichnet, dass

- jeder Geschäftsfall zweifach (doppelt) verbucht wird (jeweils im Soll und im Haben)
- der Gewinn auf zweifache Weise festgestellt werden kann (Bilanzvergleich und Gewinn- und Verlustrechnung)
- ein periodenreines Ergebnis erzielt wird.

Doppik

Begriff für doppelte Buchführung bzw. doppelte Buchhaltung

EBT

Earnings before tax. Englischer Begriff für Jahresergebnis vor Steuern. Wird auch PBT genannt (Profit before tax).

EBIT

Earnings before interest and tax. Englischer Begriff für Betriebsergebnis. Wird auch PBIT genannt (Profit before interest and tax).

EGT

EGT ist die Abkürzung für Ergebnis der gewöhnlichen Geschäftstätigkeit. Es berechnet sich wie folgt:

	Betriebsergebnis
+/-	Finanzergebnis
=	**EGT**

Eigenkapital

Eigenkapital ist jenes Kapital, das dem Unternehmen bzw. den Gesellschaftern gehört.

Eigenkapital steckt in den Vermögenswerten eines Unternehmens (zB in Betriebsgebäuden, Maschinen, Waren usw.).

Das Eigenkapital ist die entscheidende Größe der Bilanz, da es Auskunft darüber gibt, wie „reich" ein Unternehmen wirklich ist.

Das Eigenkapital ist auf der Passivseite der Bilanz ausgewiesen.

Eigenkapitalquote

Die Eigenkapitalquote wird auch Eigenkapitalanteil oder Eigenkapitalausstattung genannt.

Sie drückt aus, wie hoch der Anteil des Kapitals ist, der dem Unternehmen von den Eigentümern selbst zur Verfügung gestellt wird, bzw. anders formuliert, wie viel Prozent des Gesamtkapitals dem Unternehmen bzw. den Unternehmern gehören und nicht durch Fremdkapital finanziert werden.

Die Berechnungsformel lautet:

$$\text{Eigenkapitalquote} = \frac{\text{Eigenkapital}}{\text{Gesamtkapital}} \times 100$$

Diese Kennzahl ist ein wichtiges Kriterium zur Beurteilung der Kreditwürdigkeit eines Unternehmens. Je höher die Eigenkapitalquote, umso besser ist die Kreditwürdigkeit (Bonität) des Unternehmens.

Eigenkapitalrentabilität

Darunter versteht man die Verzinsung des in einem Unternehmen eingesetzten eigenen Kapitals. Die Berechnungsformel lautet:

$$\text{Eigenkapitalrentabilität} = \frac{\text{Gewinn}}{\text{Eigenkapital}} \times 100$$

Entspricht die Eigenkapitalrentabilität auf Dauer nicht der Verzinsung durch eine andere Anlageform, stellt sich folgende Frage:

Ist es nicht besser, das Unternehmen zu verkaufen und den Verkaufserlös in anderer Form (zB Wertpapiere, Immobilien) anzulegen?

Einnahmen

Einnahmen führen immer zu einer Geldeinnahme (in bar oder auf dem Bankkonto), also einem tatsächlichen Geldfluss. Nicht jeder Ertrag ist zugleich eine Einnahme. Wird zB eine Leistung für einen Kunden erbracht, die nicht sofort bezahlt werden muss, ist das zwar ein Ertrag, aber noch keine Einnahme für ein Unternehmen.

Einnahmen-Ausgaben-Rechnung

Die Einnahmen-Ausgaben-Rechnung ist ein vereinfachtes System der Gewinnermittlung.

Der Gewinn bzw. Verlust eines Geschäftsjahres wird durch eine Gegenüberstellung der tatsächlich geflossenen Einnahmen mit den Ausgaben ermittelt. Erfasst werden alle Geld-Einnahmen und Geld-Ausgaben – in bar und am Bankkonto.

(Ausnahmen: Der Kaufpreis von Anlagegütern wirkt nicht sofort in voller Höhe als gewinnmindernde Ausgabe, sondern erst im Laufe der Jahre in Form von Abschreibungen.)

Einzelkosten

auch direkte Kosten oder Direktkosten genannt

Kosten, die eindeutig einem einzelnen Produkt (Kostenträger) oder einem einzelnen Bereich (Kostenstelle) zugeordnet werden können. Typische Beispiele dafür: Materialverbrauch, Wareneinsatz, Fertigungsstunden.

Einzelunternehmen

Eine einzelne Person ist Eigentümer eines Unternehmens. Ein Einzelunternehmer trägt alle Rechte und Pflichten und haftet unbeschränkt mit seinem gesamten Privatvermögen für die Schulden des Unternehmens.

Ergebnisrechnung

in der Praxis gebräuchliche Bezeichnung für die Profit Center Rechnung bzw. die Management-Erfolgsrechnung.

Eröffnungsbilanz

Bilanz, die bei der Eröffnung eines Unternehmens bzw. am Beginn eines Geschäftsjahres erstellt wird.

Ein Geschäftsjahr muss nicht mit dem 1.1. beginnen, sondern kann auch vom kalendermäßigen Jahresbeginn abweichen.

Erträge

Erträge werden auf der rechten Seite der Gewinn- und Verlustrechnung (im Haben) verbucht. Es handelt sich dabei um Geschäftsfälle, die ein Unternehmen im Laufe des Jahres reicher machen, zB Erlöse aus dem Verkauf von Waren oder Leistungen (Umsätze), Mieterträge, Wertpapiererträge usw.

Nicht jeder Ertrag ist zugleich eine Einnahme, führt somit nicht immer zu einem tatsächlichen Geldfluss.

Wird zB eine Leistung für einen Kunden erbracht, die nicht sofort bezahlt werden muss, ist das zwar ein Ertrag, aber noch keine Einnahme für ein Unternehmen.

Ertragsentwicklung

Damit ist zumeist die Entwicklung der Gewinne in den letzten Jahren gemeint

Ertragskraft

Darunter versteht man die voraussichtliche Fähigkeit (das Potenzial) eines Unternehmens, in Zukunft Gewinne zu erzielen.

Finanzbuchhaltung

Unternehmen sind gesetzlich dazu verpflichtet, Bücher zu führen; das heißt, Aufzeichnungen zu machen, die einen Überblick über die Geschäftsfälle und die wirtschaftliche Lage des Unternehmens vermitteln und als Grundlage für die Besteuerung des Unternehmens dienen können.

Die Finanzbuchhaltung mündet in die Erstellung des Jahresabschlusses. Dieser besteht in der Regel aus der Bilanz und der GuV-Rechnung.

Dabei sind gesetzliche Regelungen einzuhalten, wobei zwischen handelsrechtlichen und steuerrechtlichen Vorschriften zu unterscheiden ist.

Finanzergebnis

Das Finanzergebnis (Finanzerfolg) ist ein Gewinn oder Verlust, der sich zB durch Zinsaufwendungen für Darlehen, durch Wertpapiererträge, Beteiligungen an anderen Firmen etc. ergibt.

Finanzierung

Beschäftigt sich mit der Frage wie benötigtes Kapital für eine Unternehmensgründung oder für eine Investition aufgebracht werden soll bzw. wer die notwendigen Mittel bereitstellen kann (Eigenmittel, die Bank, ein Geschäftspartner etc.). Um den Überblick über die finanzielle Situation eines Unternehmens zu bewahren, ist ein Finanzplan unentbehrlich.

Finanzplan

In einem Finanzplan stellt man für einen bestimmten Zeitraum (zB für drei Monate, ein Jahr) die zu erwartenden Einnahmen den zu erwartenden Ausgaben gegenüber. Neben den laufenden Einnahmen und Ausgaben werden auch außergewöhnliche Zahlungen berücksichtigt (zB für Investitionsvorhaben, erwartete Förderungen etc.).

In einem Finanzplan sollten auch Reserven für Kostenüberschreitungen eingebaut werden sowie bestehende Kreditrahmen berücksichtigt werden.

Fixkosten

Fixkosten bleiben innerhalb der gegebenen Kapazitätsgrenzen stets unverändert, egal ob das Unternehmen geschlossen ist oder an der Kapazitätsgrenze arbeitet. Die Höhe der fixen Kosten ist somit unabhängig von der Auslastung des Unternehmens.

Beispiele für typische Fixkosten: Miete, Personalkosten für das fix angestellte Personal, Grundgebühren, Leasingraten, etc.

Forderungsausfall

Kann ein Kunde seine Rechnungen nicht oder nur zum Teil bezahlen, spricht man seitens des Unternehmens von Forderungsausfall. Ein Forderungsausfall, verursacht durch einen Großkunden, kann unüberwindbare Zahlungsschwierigkeiten zur Folge haben.

Fremdkapital

Fremdkapital ist geborgtes Kapital und sagt aus, wie viel der Vermögenswerte eines Unternehmens durch Schulden finanziert wurde (zB von Banken oder Lieferanten). Das Fremdkapital ist auf der Passivaseite der Bilanz ausgewiesen.

Gemeinkosten

Auch indirekte Kosten oder Overheadkosten genannt.

Kosten, die nicht eindeutig einem einzelnen Produkt (Kostenträger) oder einem einzelnen Bereich (Kostenstelle) zugeordnet werden können.

Typische Beispiele dafür: Kosten der Geschäftsleitung, Kosten für Werbung, Verwaltung, etc.

Gesamtkapitalrentabilität

Darunter versteht man die Verzinsung des in einem Unternehmen eingesetzten gesamten Kapitals. Die Berechnungsformel lautet:

$$\text{Gesamtkapitalrentabilität (ROI)} = \frac{\text{Gewinn}}{\text{Gesamtkapital}} \times 100$$

Anmerkung: In der Regel werden zum Gewinn auch die Fremdkapitalzinsen dazugerechnet (siehe weiterführende Literatur).

Je höher die Gesamtkapitalrentabilität, umso besser wird mit dem zur Verfügung stehenden Gesamtkapital gewirtschaftet.

Die Gesamtkapitalrentabilität wird auch Return on Investment, abgekürzt ROI, genannt.

Geschäftsjahr

Ein Geschäftsjahr muss nicht mit dem Kalenderjahr übereinstimmen.

Gesellschafter

Bezeichnung für jemanden, der an einem Gesellschaftsunternehmen beteiligt ist. Der Umfang der Rechte und Pflichten eines Gesellschafters ist abhängig von der Rechtsform des Unternehmens (und weiters auch von individuell getroffenen Vereinbarungen). Auch Unternehmen können Gesellschafter eines anderen Unternehmens sein.

Gesellschaftsunternehmen

Zwei oder mehrere Personen gründen bzw. besitzen ein Unternehmen. Rechte, Pflichten und Haftung der Gesellschafter sind abhängig von der gewählten Rechtsform. Zu den Gesellschaftsunternehmen zählen zB die Rechtsformen OG und KG, (= Personengesellschaften), GmbH und AG (= Kapitalgesellschaften), GbR, die Stille Gesellschaft sowie die GmbH & Co KG.

Gesellschaftsvertrag

Ein Gesellschaftsvertrag dient zur Klärung der Rechte und Pflichten der Gesellschafter (zB Regelungen zur Gewinnverteilung, Mitarbeit, Vertretungsbefugnis usw.) und enthält wichtige Daten eines Unternehmens (zB Rechtsform, Firmennamen, usw.). Bei der GmbH und bei der AG muss der Gesellschaftsvertrag von einem Notar beglaubigt werden.

Gewinn

Der umfassende Begriff „Gewinn" kann unterschiedliche Bedeutungen haben, je nachdem, welche Gewinndefinition zugrunde gelegt wird (zB EGT, Jahresüberschuss, positives Betriebsergebnis, Gewinn vor oder nach Steuern usw.).

Gewinn- und Verlustrechnung

Bei der Gewinn und Verlust-Rechnung, abgekürzt GuV-Rechnung erfolgt die Ermittlung des Jahresergebnisses durch Gegenüberstellung von Aufwendungen und Erträgen. Sind die Erträge größer als die Aufwendungen, wurde ein Gewinn, ansonsten ein Verlust erwirtschaftet.

Eine GuV-Rechnung gibt auch Auskunft darüber, WIE ein Gewinn oder Verlust entstanden ist. Sie fasst jene Geschäftsfälle zusammen, die ein Unternehmen während eines Geschäftsjahres ärmer oder reicher gemacht haben.

Damit ein möglichst getreues Bild über die Ertragslage eines Unternehmens vermittelt wird, ist die GuV-Rechnung in Staffelform zu erstellen.

Gewinnermittlung

Die zweifache Gewinnermittlung – durch den Bilanzvergleich und durch die Gewinn-Verlustrechnung – ist Kennzeichen und Kontrollinstrument der doppelten Buchhaltung. Bei beiden Berechnungsarten muss das gleiche Ergebnis herauskommen.

Gewinnminderung

Je höher ein erwirtschafteter Gewinn, desto höher die Steuerzahlung. Daher sind Unternehmen bestrebt, die Basis für die Berechnung der Steuern, also den Gewinn, durch verschiedene Maßnahmen zu vermindern (zB durch die Bildung von Rückstellungen oder Vorziehen von Ausgaben, die in voller Höhe als gewinnmindernder Aufwand verbucht werden, durch das Ausnutzen von steuerlichen Gestaltungsspielräumen usw.).

Gewinnsteuern

Der Gewinn von Einzelunternehmen und Personengesellschaften unterliegt der Einkommensteuer.

Der Gewinn von Kapitalgesellschaften unterliegt der Körperschaftssteuer; wird der verbleibende Gewinn an die Gesellschafter ausgeschüttet, so ist zusätzlich Kapitalertragssteuer fällig.

Gläubiger

Personen oder Unternehmen werden als Gläubiger bezeichnet, wenn sie für ihre Kunden eine Lieferung oder Leistung erbracht haben, die Kunden diese Leistungen aber noch nicht bezahlt haben.

GmbH

Die Abkürzung für Gesellschaft mit beschränkter Haftung lautet GmbH. Der größte Vorteil einer GmbH liegt in der beschränkten Haftung der Gesellschafter (sie haften nicht mit ihrem Privatvermögen für die Schulden des Unternehmens). Zur Führung der Geschäfte wird ein (oder mehrere) Geschäftsführer bestellt. Die GmbH ist eine Kapitalgesellschaft.

Grundkapital

Für die Gründung von Aktiengesellschaften fordert der Gesetzgeber ein Grundkapital von mind. 70.000 Euro. Dieses Grundkapital wird in kleine Teilbeträge zerlegt und in Form von Aktien zum Kauf angeboten.

Der Teilbetrag, auf den eine Aktie lautet, heißt Nominale oder Nennbetrag. Die Summe der Nennbeträge ergibt die Höhe des Grundkapitals.

Die Nominale einer Aktie lautet immer auf den selben Betrag, auch dann, wenn eine Aktie mehr (oder weniger) wert wird (= Kurswert).

GuV-Rechnung in Staffelform

Der staffelförmige Aufbau einer Gewinn- und Verlustrechnung macht klar ersichtlich, durch welche Geschäftsbereiche ein Gewinn oder Verlust verursacht wurde. Die Gegenüberstellung der Aufwendungen und Erträge erfolgt untereinander, und zwar geordnet nach der jeweiligen Quelle, aus der sie stammen. Dieses Schema erhöht – gegenüber der GuV-Rechnung in Kontenform - die Übersichtlichkeit und Aussagekraft.

	Betriebsergebnis (Kerngeschäft)
+/-	Finanzergebnis
=	EGT (Ergebnis der gewöhnlichen Geschäftstätigkeit)
+/-	außerordentliches Ergebnis
=	Jahresergebnis vor Steuern

Haben

Die Haben-Seite entspricht der rechten Seite der Bilanz (Kapitalseite) sowie der rechten Seite (Ertragsseite) in der Gewinn- und Verlustrechnung in Kontenform.

Haftung

Einstehen für eine Schuld bzw. für eine eingegangene Verpflichtung.

In welchem Umfang ein Unternehmer für die Schulden des Unternehmens haftet (gerade stehen muss), hängt auch von der Rechtsform des Unternehmens ab.

Beispiel:

Einzelunternehmen: Ein Einzelunternehmer haftet persönlich und unbeschränkt, d.h. auch mit seinem gesamten Privatvermögen für die Schulden des Unternehmens.

OG: Jeder Gesellschafter haftet solidarisch, persönlich und unbeschränkt für die Schulden des Unternehmens.

GmbH: Die Haftung der Gesellschafter für die Schulden des Unternehmens ist auf das Stammkapital beschränkt.

Handelsbilanz („Jahresabschluss nach Handelsrecht")

Diese soll dem Unternehmer aber auch den Gläubigern ein möglichst getreues Bild der Vermögens- und Ertragslage bieten.

Hypothek

Darunter versteht man ein Pfandrecht, das zur Sicherstellung eines Kredites auf Grundbesitz (zB Eigentumswohnung, Grundstück) eingeräumt wird. Die Sicherstellung erfolgt durch Eintragung des Pfandrechtes / der Hypothek in das Grundbuch. Sollte der Kreditnehmer seine Schulden nicht mehr bezahlen können, kann der Kreditgeber seine Forderungen durch die Verwertung des Pfandrechtes (Versteigerung) eintreiben.

Indirekte Kosten

Auch Gemeinkosten oder Overheadkosten genannt.

Kosten, die nicht eindeutig einem einzelnen Produkt (Kostenträger) oder einem einzelnen Bereich (Kostenstelle) zugeordnet werden können.

Typische Beispiele dafür: Kosten der Geschäftsleitung, Kosten für Werbung, Verwaltung, etc.

Innerbetriebliche Leistungsverrechnung

Verrechnung von Leistungen, die eine Kostenstelle eines Unternehmens für eine andere Kostenstelle erbringt; dies soll dem Denken entgegenwirken, dass Leistungen aus dem eigenen Haus nichts kosten und daher beliebig beansprucht werden können.

Input

Mitteleinsatz;

Gegensatzpaar: Output = Ergebnis, Ausbringung

Betriebswirtschaftliches Ziel ist es, ein gutes Input-Output-Verhältnis zu erzielen: Das bedeutet, mit möglichst wenig Mitteln einen möglichst optimales Ergebnis zu erzielen.

Input-Output-Verhältnis

Input: Mitteleinsatz

Output: Ergebnis, Ausbringung

Betriebswirtschaftliches Ziel ist es, ein gutes Input-Output-Verhältnis zu erzielen: Das bedeutet, mit möglichst wenig Mitteln ein möglichst optimales Ergebnis zu erzielen.

Insolvenz

Insolvenz liegt dann vor, wenn ein Unternehmen in unüberwindbare Zahlungsschwierigkeiten gerät. Kommt kein außergerichtlicher Ausgleich zu Stande (in D: Vergleich), muss ein Insolvenzverfahren (gerichtlicher Ausgleich / Vergleich oder Konkurs) eingeleitet werden.

Instandhaltung

Arbeiten zur Aufrechterhaltung der Nutzbarkeit von Gebäuden, Maschinen, etc.

Inventur

Unter Inventur versteht man das Zählen und Bewerten des gesamten Vermögens und der Schulden am Ende eines Geschäftsjahres (auch Bestandsaufnahme genannt).

Investition

Kauf eines Anlagegutes (zB Maschine, Gebäude, Büroausstattung, usw.), damit ein Produkt / eine Dienstleistung hergestellt bzw. angeboten werden kann . Bei der Berechnung der Kosten für eine geplante Investition sind nicht nur die Anschaffungskosten, sondern auch laufende Kosten (zB Stromkosten, Wartungskosten usw.) zu berücksichtigen.

Jahresabschluss

Ein Jahresabschluss besteht aus Bilanz und GuV-Rechnung.

Kapitalgesellschaften müssen zusätzlich einen Anhang erstellen (erläutert die Bilanz und GuV-Rechnung), sowie einen Lagebericht (der den Geschäfts-verlauf und die Lage eines Unternehmens so darstellen muss, dass ein möglichst getreues Bild der Vermögens-, Finanz- und Ertragslage vermittelt wird).

Jahresergebnis

Der in einem Geschäftsjahr erwirtschaftete Überschuss oder Fehlbetrag lässt sich in folgende Komponenten aufgliedern:

	Betriebsergebnis (Kerngeschäft)
+/-	Finanzergebnis
=	EGT (Ergebnis der gewöhnlichen Geschäftstätigkeit)
+/-	außerordentliches Ergebnis
=	Jahresergebnis vor Steuern
-	Gewinnsteuern
=	Jahresergebnis (Jahresüberschuss / -fehlbetrag) nach Steuern

Jahresfehlbetrag

Ein Verlust, der sich aus dem

	EGT (Ergebnis der gewöhnlichen Geschäftstätigkeit)
+/-	außerordentliches Ergebnis
=	Verlust

ergibt, ist der Jahresfehlbetrag vor Steuern.

Jahresüberschuss

Ein Gewinn, der sich aus dem

	EGT (Ergebnis der gewöhnlichen Geschäftstätigkeit)
+/-	außerordentliches Ergebnis
=	Gewinn

ergibt, ist der Jahresüberschuss vor Steuern. Nach Abzug der Gewinnsteuern verbleibt der Jahresüberschuss nach Steuern.

Joint Venture

Ein Joint Venture (= gemeinsames Wagnis, gemeinsames Risiko) ist eine Form der Kooperation zwischen zwei oder mehreren, selbstständig bleibenden Unternehmen zur gemeinsamen Durchführung eines oder mehrerer Projekte. Meistens wird zu diesem Zweck ein neues, gemeinsames Unternehmen gegründet.

Kalkulation

Die Kalkulation soll folgende Frage beantworten: Was kosten einem Unternehmen die Produkte / die Leistungen, die es anbietet?

Da die Erzeugnisse, Produkte, Dienstleistungen oder Handelswaren eines Unternehmens Kostenträger genannt werden, nennt man die Kalkulation auch Kostenträgerrechnung.

Mit Hilfe der Kalkulation werden die Selbstkosten errechnet, Angebotspreise für Produkte ermittelt und Kostenkontrollen durchgeführt. Eine weitere wichtige Aufgabe der Kalkulation besteht darin, zu prüfen, ob Aufträge bei gegebenen Marktpreisen dem Unternehmen einen angemessenen Gewinn oder Deckungsbeitrag bringen.

Kalkulatorische Abschreibung

Die Abschreibung berücksichtigt die Wertminderung eines abnutzbaren Anlagegutes, sowie den Umstand, dass Vorsorge für die Wiederbeschaffung eines durch Abnutzung auszuscheidenden Anlagegutes getroffen werden muss. Die Kostenrechnung berechnet dabei die Abschreibung nach anderen Kriterien als die Finanzbuchhaltung. Basis zur Berechnung der kalkulatorischen Abschreibung der Kostenrechnung sind:

- der voraussichtliche Wiederbeschaffungspreis (statt des Anschaffungswertes, der in der Finanzbuchhaltung gesetzlich vorgeschrieben ist)
- die an die Unternehmenserfordernisse angepasste Nutzungsdauer (anstatt der durch gesetzliche Richtlinien vorgegebenen Nutzungsdauer)

Kalkulatorische Kosten

Basis für die Kostenrechnung sind die Aufwendungen der GuV-Rechnung. Allerdings können diese Werte nicht ungeprüft übernommen werden, sondern müssen – um eine gute Grundlage für die Planung und Kontrolle zu bekommen – angepasst bzw. ergänzt werden.

Die an die Erfordernisse der Kostenrechnung angepassten Werte werden kalkulatorische Kosten genannt. Darunter fallen zB kalkulatorische Abschreibung, kalkulatorischer Unternehmerlohn, kalkulatorische Zinsen, kalkulatorische Miete u. a.

Kalkulatorische Zinsen

die Verzinsung für das gesamte, dem Unternehmen zur Verfügung gestellte betriebsnotwendige Kapital (= Fremd- und Eigenkapital).

Kalkulatorischer Unternehmerlohn

Durch den kalkulatorischen Unternehmerlohn wird in der Kostenrechnung die Arbeitsleistung berücksichtigt, die ein Einzelunternehmer bzw. ein mitarbeitender Personengesellschafter für ein Unternehmen erbringt.
Bei Kapitalgesellschaften ist dies nicht notwendig, da die Arbeitsleistung des mitarbeitenden Unternehmers zumeist in Form eines Geschäftsführerbezuges oder eines Vorstandsgehaltes berücksichtigt ist.

Kapital

Die rechte Seite einer Bilanz, auch Kapitalseite oder Passiva genannt zeigt, wie die Vermögenswerte eines Unternehmens finanziert worden sind. (woher die Finanzierungsmittel stammen bzw. wem das Vermögen des Unternehmens gehört).

Das Kapital wird in Eigenkapital und Fremdkapital gegliedert.

Kapitaleinlage

Jener Geldbetrag, den ein Unternehmer / ein Gesellschafter in ein Unternehmen einbringt.

Kapitalertragssteuer

Mit der Kapitalertragssteuer, abgekürzt KESt, werden Kapitalerträge besteuert.

Dazu zählen ausgeschüttete Gewinne an GmbH- Gesellschafter, Dividendenzahlungen an Aktionäre, aber auch Zinsen von einem Sparbuch oder Wertpapierzinsen.

Kapitalgesellschaft

Gründen mehrere Personen eine Gesellschaft, bei der es auf die bloße Kapitalbeteiligung ankommt und nicht auf die persönliche Mitarbeit der Gesellschafter, spricht man von einer Kapitalgesellschaft. Zu den Kapitalgesellschaften zählen die Aktiengesellschaft (AG) und die GmbH.

Kapitalgesellschaften sind juristische Personen und sind somit rechtsfähig. Sie haben ein festgelegtes Grund- bzw. Stammkapital. Die Mitgliedschaft in einer Kapitalgesellschaft ist übertragbar. Die persönliche Haftung der Gesellschafter ist beschränkt bzw. ausgeschlossen.

Kassenbestand

Ein Kassenguthaben wird auf der Aktivaseite der Bilanz ausgewiesen; es zählt zu den liquiden Mitteln eines Unternehmens.

Kennzahl

Kennzahlen dienen zur Analyse und objektivierbaren Beurteilung von Unternehmen, Abteilungen, Mitarbeitern etc.

Kennzahlen werden zur Beurteilung der Rentabilität, Liquidität und Produktivität ermittelt.

Kommanditgesellschaft (KG)

Die Kommanditgesellschaft, abgekürzt KG, ist eine Personengesellschaft, an der mindestens zwei Gesellschafter beteiligt sind. Die Beteiligung kann entweder als Komplementär oder als Kommanditist erfolgen. Rechte und Pflichten sind unterschiedlich aufgeteilt.

Kommanditist

Ein Kommanditist ist Gesellschafter einer KG. Er bringt Kapital in das Unternehmen ein und ist dafür am Gewinn und am Unternehmenswert beteiligt. Die Haftung ist auf seine Kapitaleinlage beschränkt. Ein Kommanditist hat Kontrollrechte (Einsicht in die Bücher), aber keine Mitspracherechte.

Komplementär

Ein Komplementär ist Gesellschafter einer KG. Ein Komplementär haftet unbeschränkt und solidarisch, arbeitet aktiv im Unternehmen mit und hat Entscheidungsgewalt. Jeder Komplementär ist einzeln vertretungsberechtigt.

Konkurs

Das Ende eines Unternehmens. Ein Unternehmen wird im Rahmen eines gerichtlichen Verfahrens aufgelöst. Das Vermögen des zahlungsunfähigen Schuldners wird gerichtlich versteigert. Der Versteigerungserlös wird auf die Gläubiger verteilt. Ein Konkurs kann vom Schuldner oder von den Gläubigern beantragt werden, aber auch Folge eines abgelehnten gerichtlichen Vergleichs (Ö: Ausgleichs) sein.

Der Ablauf eines Konkursverfahrens ist genau geregelt: Ein Konkursantrag wird gestellt - das Konkursverfahren eröffnet - dem zahlungsunfähigen Unternehmen wird ein Konkursverwalter (Ö: Masseverwalter) beigestellt, der das Vermögen des Unternehmens feststellt und die gerichtliche Versteigerung vorbereitet.

Ein Konkurs kann auch „mangels Masse" abgelehnt werden oder in einem Zwangsvergleich (Ö: Zwangsausgleich) (Einigung auf den Fortbestand des Unternehmens) münden.

Körperschaftssteuer

Mit der Körperschaftssteuer, abgekürzt KöSt, werden die Gewinne von Kapitalgesellschaften besteuert, und zwar unabhängig von der Gewinnhöhe.

Konsolidierte Bilanz

Jahresabschluss des Konzerns, bei dem alle Jahresabschlüsse der Tochterunternehmen zusammengefasst werden.

Kontenform

Die zusammenfassende Darstellung der Bilanz sowie der Gewinn- Verlustrechnung kann in Kontenform, also zweiseitig (=Gegenüberstellung der Soll- und Haben-Positionen) erfolgen oder in Staffelform, einseitig (= Aufgliederung aller Positionen untereinander).

Aufgrund der besseren Übersichtlichkeit schreibt der Gesetzgeber die Aufstellung der GuV-Rechnung in Staffelform vor.

Die Verbuchung von Geschäftsfällen erfolgt auf einzelnen Konten. Die linke Spalte eines Kontos nennt man „Soll", die rechte „Haben".

Kennzeichen der doppelten Buchhaltung ist die zweifache Verbuchung jedes Geschäftsfalles. Jeder Buchung im Soll eines Kontos steht eine (Gegen-) Buchung in gleicher Höhe im Haben eines anderen Kontos gegenüber.

Kosten

Kosten beziffern den in Geld bewerteten Verzehr von Gütern oder Leistungen.

Die Kosten, die im Rahmen der betrieblichen Leistungserstellung anfallen, lassen sich nach mehreren Kriterien unterscheiden: Fixe Kosten fallen auch dann an, wenn nichts produziert oder verkauft wird (zB Miete für ein Büro, Versicherungsprämien), variable Kosten fallen nur dann an, wenn etwas produziert wird (zB Materialverbrauch).

Einzelkosten können einem Produkt / einer Leistung direkt zugerechnet werden (zB Fertigungsmaterial, Fertigungslöhne), Gemeinkosten sind allgemein anfallende Kosten, die nicht direkt einem Produkt / einer Leistung / einer Abteilung zugerechnet werden können (zB Heizkosten, Kosten der Geschäftsleitung).

Kostenanalyse

Die Kosten eines Unternehmens können nach verschiedenen Gesichtspunkten analysiert werden:

Wie reagieren sie auf die Veränderung des Beschäftigungsgrades (fixe / variable Kosten)?

Welchen Kostenstellen bzw. Kostenarten können sie zugeordnet werden (Einzel / Gemeinkosten)?

Kostenarten

Kostenarten sind in Gruppen zusammengefasste Kosten, wie zB Personalkosten, Materialkosten, Fremdleistungskosten (Transportkosten, Reparaturkosten) etc.

Die Kostenartenrechnung beantwortet die Frage: Welche Kosten sind während einer bestimmten Periode angefallen? Sie dient als Grundlage für die Kostenstellenrechnung und die Kostenträgerrechnung.

Grundlage für die Erfassung der Kostenarten ist die GuV-Rechnung, deren Aufwendungen für die Zwecke der Kostenrechnung adaptiert bzw. ergänzt (zB um die kalkulatorischen Kosten) werden müssen.

Kosten-Nutzen-Rechnung

Ein wichtiges betriebswirtschaftliches Grundprinzip: Jede Maßnahme soll danach untersucht werden, ob sie mehr Nutzen bringt (wie immer dieser definiert ist), als sie an Kosten verursacht.

Kostenrechnung

Zu den Hauptaufgaben der Kostenrechnung zählen:

- die Kalkulation von Preisen
- die Schaffung von Kostenverantwortung und damit Kostenbewusstsein
- die Kontrolle der Wirtschaftlichkeit (Soll-Ist-Vergleich)

Ziel der Kostenrechnung ist es, gute Entscheidungsgrundlagen für die Analyse und die Planung eines Unternehmens zu gewinnen:

- dazu werden Kosten erfasst (= Kostenartenrechnung) und
- einzelnen Produkten / Leistungen (= Kostenträgerrechnung bzw. Preiskalkulation) oder Unternehmensbereichen

(= Kostenstellenrechnung) zugeteilt.

Die Kostenrechnung ist neben der Finanzbuchhaltung wichtigster Teil des betrieblichen Rechnungswesens. Im Gegensatz zur Finanzbuchhaltung unterliegt die Kostenrechnung keinen gesetzlichen Vorschriften und kann somit rein nach den Bedürfnissen des Unternehmens gestaltet werden.

Kostenstellen

Die Kostenstellenrechnung ist ein Instrument, das dazu beiträgt, die Kostenverantwortung deutlich zu machen und das Kostenbewusstsein der Mitarbeiter zu stärken.

Dazu werden Kostenstellen gebildet, das sind Leistungs- bzw. Verantwortungs-bereiche, denen Kosten eindeutig und verursachungsgerecht zugeteilt werden können. Sinn der Kostenzuteilung ist es, festzustellen, wo welche

Kosten in welcher Höhe angefallen sind. Häufig in Unternehmen anzutreffende Kostenstellen sind zB Lager, Fertigung, Vertrieb, Verwaltung, Ausbildung, EDV, Fuhrpark - aber auch einzelne Filialen und sogar einzelne Mitarbeiter können bereits eine Kostenstelle bilden.

Der Kostenstellenleiter hat die Verantwortung für die von der Kostenstelle verursachten Kosten zu übernehmen. Es sollten nur jene Kosten zugeteilt werden, die man direkt und eindeutig der Kostenstelle zuordnen kann, und die von der Kostenstelle auch beeinflusst werden können.

Kostenträger

Kostenträger sind die Erzeugnisse, Produkte, Dienstleistungen oder Handelswaren eines Unternehmens.

Die Kostenträgerrechnung (auch Kalkulation genannt) soll folgende Frage beantworten: Was kosten einem Unternehmen die Produkte / die Leistungen, die es anbietet?

Mit Hilfe der Kalkulation werden die Selbstkosten errechnet, Angebotspreise für Produkte ermittelt und Kostenkontrollen durchgeführt. Eine weitere wichtige Aufgabe der Kostenträgerrechnung besteht darin, zu prüfen, ob Aufträge bei gegebenen Marktpreisen dem Unternehmen einen angemessenen Gewinn oder Deckungsbeitrag bringen.

Kostentyp

Einteilung der Kosten nach bestimmten Kriterien, zB nach der Abhängigkeit vom Beschäftigungsgrad in fixe und variable Kosten.

Kostenverlauf

Damit ist der Zusammenhang zwischen der Veränderung des Beschäftigungsgrades und dessen Einfluss auf die Kostenhöhe gemeint.

Hier kann man grundsätzlich untergliedern in:

- fixe Kosten, diese sind unabhängig vom Beschäftigungsgrad und
- variable Kosten, diese sind abhängig vom Beschäftigungsgrad.

Sprungfixe Kosten:

Bei den Fixkosten ist zu beachten, dass diese nur innerhalb der gegebenen Kapazitätsgrenzen fix sind – das heißt unverändert bleiben. Wird eine gegebene Kapazitätsgrenze überschritten, so müssen zusätzliche Kapazitäten geschaffen werden. Dann fallen weitere Kosten an, die wiederum bis zur Ausschöpfung der neuen Kapazitätsgrenze fix bleiben. Es entstehen so genannte sprungfixe Kosten.

Beispiel: Die Kapazität eines Waschsalons mit 5 Waschmaschinen beträgt 80 Waschdurchgänge täglich. Innerhalb dieser Kapazität sind die Leasingkosten für die Waschmaschinen fix (die Leasingkosten sind immer gleich hoch, egal ob man 10 oder 80 Waschdurchgänge täglich durchführt). Wird die gegebene Kapazitätsgrenze von 80 Waschdurchgängen überschritten – zB man will 85 Waschdurchgänge täglich durchführen - dann fallen weitere Kosten für das Leasing einer weiteren Waschmaschine an. Die neue Kapazität beträgt nun 96 Waschdurchgänge täglich. Bis zu dieser Auslastung sind jetzt die Leasingkosten wieder fix.

Die variablen Kosten können weiters folgendermaßen untergliedert werden:

- proportionale Kosten: Diese steigen im gleichen Ausmaß an wie der Beschäftigungsgrad bzw. anders ausgedrückt: der Kostenzuwachs für jede weitere Mengeneinheit ist gleich hoch (das ist der Regelfall). Beispiel: gleich hohe Materialkosten pro zusätzlich produziertem Stück.
- progressive Kosten: Diese steigen in stärkerem Ausmaß an, als sich der Beschäftigungsgrad ändert. Beispiel: teure Überstunden, damit die Produktion gesteigert werden kann.
- degressive Kosten: Diese steigen in geringerem Ausmaß an, als sich der Beschäftigungsgrad ändert. Beispiel: durch Mengenrabatte beim Einkauf sinkende Materialkosten pro zusätzlich produziertem Stück.

Kostenzuteilung

Die im Rahmen der Kostenartenrechnung erfassten Kosten werden je nach Sinn und Zweck (zB Kalkulation, Kostenkontrolle) einzelnen Kostenträgern oder Kostenstellen zugeordnet.

Kredit

Kaum ein Unternehmen ist in der Lage, sämtliche Vermögenswerte und Ausgaben ausschließlich aus eigenen Mitteln zu finanzieren. Banken stellen Kredite für die unternehmerischen Tätigkeiten bereit. Bevor das Geld ausbe-

zahlt wird, überprüfen die Banken die Kreditwürdigkeit des Kreditnehmers und verlangen zumeist Sicherstellungen für ihr Geld (zB Hypotheken auf Grundstücke, Bürgschaften usw.).

Ein Kredit ist praktisch eine Leihe von Geld gegen Bezahlung von Zinsen. Ein erhaltener Kredit wird auf der Passivaseite der Bilanz ausgewiesen und zählt zum Fremdkapital.

Zwei wichtige Kreditformen sind:

➡ Hypothekarkredit:

ein mit einer Immobilie besicherter Kredit

➡ Kontokorrentkredit (auch Giro- oder laufendes Konto genannt):

dabei gewährt die Bank dem Unternehmen einen sog. Kreditrahmen. Innerhalb dieses Rahmens kann dann flexibel über das Geld verfügt werden.

Kreditor

Gebräuchlicher Begriff für Gläubiger (Kreditgeber).

In der Buchführung verwendete Bezeichnung für Verbindlichkeiten aus Lieferungen und Leistungen / Lieferverbindlichkeiten (das Unternehmen schuldet seinen Lieferanten einen Betrag).

Kreditwürdigkeit

Kreditwürdig sind Unternehmen oder Personen, von denen die Kreditgeber annehmen können, dass sie ihren Verpflichtungen zur Zahlung der Kreditraten und Zinsen vertragsgemäß nachkommen werden.

Zur Beurteilung der Kreditwürdigkeit eines Unternehmens werden Kreditgeber Einsicht in die Bücher nehmen und mittels Kennzahlen versuchen, sich ein genaues Bild zu verschaffen.

Neben der Eigenkapitalquote spielt dabei die Ertragskraft, aber auch die persönliche, fachliche und kaufmännische Qualifikation des Unternehmers bzw. der Geschäftsleitung eine Rolle. Ein weiteres Kriterium sind auch die persönlichen Vermögensverhältnisse des Unternehmers / der Eigentümer. Häufig verlangt eine Bank (auch private) Sicherstellungen (zB Bürgschaften oder Hypotheken) bei der Vergabe von Unternehmenskrediten.

Lagebericht

Kapitalgesellschaften haben dem Jahresabschluss – neben dem Anhang – auch einen Lagebericht beizufügen. Im Lagebericht müssen der Geschäftsverlauf und die Lage der Gesellschaft so dargestellt werden, dass Außenstehende ein den tatsächlichen Verhältnissen entsprechendes Bild vermittelt wird.

Der Lagebericht soll insbesondere auch die Zukunftserwartungen des Unternehmens widerspiegeln sowie Angaben zur Entwicklung des Unternehmens enthalten. Darunter fallen Informationen über Marktstellung, Auftragsbestand, Umsatzverlauf, Investitionen, Kostenentwicklung, Rationalisierungsmaßnahmen, eingegangene Risiken, Produktions-programme, Rentabilität, Liquidität, Erwerb und Veräußerung von Immobilien und Beteiligungen, besondere Verluste etc.

Leasing

Leasing ist eine spezielle Form der Miete von Anlagegegenständen (eines Autos, einer Maschine, eines Gebäudes etc.) und bietet unterschiedlichste Gestaltungsvarianten (zB mit oder ohne Kaufmöglichkeit am Ende der Laufzeit).

Lieferforderung

Hat ein Kunde eine bereits ausgestellt Rechnung für eine erbrachte Leistung oder Lieferung noch nicht bezahlt, spricht man von Lieferforderung.

Lieferforderungen zählen zum Umlaufvermögen und werden auf der linken Seite der Bilanz verbucht.

Unter „Forderungen" ganz allgemein versteht man den Anspruch auf eine Gegenleistung (zumeist auf Geld).

Lieferverbindlichkeiten

Lieferverbindlichkeiten sind Schulden, die ein Unternehmen bei einem Lieferanten hat, weil es eine bereits gestellte Rechnung für eine empfangene Lieferung oder Leistung noch nicht bezahlt hat.

Lieferverbindlichkeiten zählen zum Fremdkapital und werden auf der rechten Seite der Bilanz ausgewiesen.. Unter „Verbindlichkeiten" allgemein versteht

man in Geld bewertete Verpflichtungen, die man Dritten gegenüber hat (zB. Kredite).

Liquide Mittel

Liquide Mittel sind die Barmittel eines Unternehmens, also jene Mittel, die unmittelbar flüssig gemacht werden können. Sie sind auf der Aktivaseite der Bilanz ausgewiesen. Darunter fallen insbesondere der Kassenbestand und das Bankguthaben. In weiterer Folge können auch Wertpapiere und kurzfristig fällige Forderungen dazu gezählt werden.

Bei der Liquidierbarkeit von Vermögen, also wie schnell man Vermögenswerte in Geld umwandeln / „liquide machen" kann, kann man folgende Reihenfolge erstellen:

- Kassenbestand und Bankguthaben
- Wertpapiere
- kurzfristige Forderungen
- Waren- bzw. Lagerbestand
- Anlagevermögen

Liquidität

Unter Liquidität versteht man die Fähigkeit eines Unternehmens, jederzeit seinen Zahlungsverpflichtungen nachkommen zu können. Dazu gehört, dass

- die laufenden Ausgaben durch laufende Einnahmen gedeckt werden können,
- genügend Mittel „flüssig gemacht" werden können, um außerordentlichen Ausgaben zu begleichen (zB Kauf von Maschinen, unerwartete Ausgaben) und
- -ein Unternehmen kreditwürdig ist, um etwaige Finanzengpässe durch einen Kredit überbrücken zu können.

Die Kennzahl „Liquidität 1. Grades" (auch Barliquidität genannt) gibt eine erste Antwort auf die Frage: Ist der Bestand des Unternehmens gesichert? Diese Kennzahl wird wie folgt berechnet:

$$\text{Liquidität 1. Grades} = \frac{\text{liquide Mittel}}{\text{kurzfristige Verbindlichkeiten}} \times 100$$

Liquide Mittel sind die Barmittel eines Unternehmens, also jene Mittel, die unmittelbar flüssig gemacht werden können. Sie sind auf der Aktivaseite der Bilanz ausgewiesen.

Kurzfristige Verbindlichkeiten sind in Kürze zu bezahlende Zahlungs-verpflichtungen auf Grund bereits erhaltener, aber noch nicht bezahlter Leistungen. Sie werden auf der Passivaseite der Bilanz ausgewiesen

Die Liquidität 1. Grades sollte stets über 100 % betragen. Ist das nicht der Fall, besteht die unmittelbare Gefahr, dass offene Rechnungen nicht bezahlt werden können (Liquiditätsengpass).

Anmerkung: Diese Gefahr besteht dann, wenn die Zahlungsverpflichtungen tatsächlich in kürzester Zeit auf das Unternehmen zukommen. Wie hoch die Gefahr illiquide zu werden tatsächlich ist, kann kaum aus einer oberflächlichen Prüfung der Bilanz festgestellt werden, sondern nur durch eine genauere Analyse der Zahlungsverpflichtungen und der liquidierbaren Mittel.

Ein Liquiditätsengpass kann schnell zum Untergang eines Unternehmens führen; auch dann, wenn dieses hoch rentabel ist und über gute Zukunftsaussichten verfügt. Daher gilt: Liquidität geht vor Rentabilität.

Nennwert (Nominale)

Nennbetrag (Teilbetrag), auf den eine Aktie lautet.

Nettopreis

Rechnungspreis exklusive Umsatzsteuer.

Nutzungsdauer

Das ist jener Zeitraum, den ein Anlagegut einem Unternehmen voraus-sichtlich dienen kann. Dividiert man den Anschaffungswert eines Anlagegutes durch die Nutzungsdauer ergibt sich die jährliche Abschreibung.

Für die Berechnung der Abschreibungsraten für die Finanzbuchhaltung gibt es gesetzliche Vorgaben (Zeitspannen) für die sogenannte „betriebs-gewöhnliche" Nutzungsdauer von Anlagegütern (zB für Computer, Gebäude, Büroeinrichtung usw.).

Offene Gesellschaft (OG)

Eine Offene Gesellschaft, abgekürzt OG, ist eine Personengesellschaft, an der mindestens zwei Gesellschafter beteiligt sind. Diese haben die gleichen Rechte und Pflichten. OG-Gesellschafter haften unbeschränkt und solidarisch. Jeder Gesellschafter ist einzeln vertretungsberechtigt.

Operatives Ergebnis

In manchen Unternehmen verwendete Bezeichnung für Betriebsergebnis.

Opportunitätskosten

Entgangener Gewinn für eine nicht gewählte Handlungsalternative.

Dahinter steht die Frage: Was verliert man bzw. was kostet es (zB an entgangenem Gewinn oder Deckungsbeitrag), wenn man etwas nicht macht?

Output

Output = Ausbringung / Ergebnis

Gegensatzbegriff: Input = Mitteleinsatz

Betriebswirtschaftliches Ziel ist es, ein gutes Input-Output-Verhältnis zu erzielen: Das bedeutet, mit möglichst wenig Mitteln ein möglichst optimales Ergebnis zu erzielen.

Overheadkosten

Auch Gemeinkosten oder indirekte Kosten genannt.

Kosten, die nicht eindeutig einem einzelnen Bereich (Kostenstelle) zugeordnet werden können. typische Beispiele dafür: Kosten der Geschäftsleitung, Kosten für Werbung, Verwaltung, etc.

Passiva

Passiva ist ein Synonym für die Kapitalseite einer Bilanz.

Passive Rechnungsabgrenzung

Rechnungsabgrenzungen dienen der periodengerechten Erfassung von Aufwendungen und Erträgen. In der Gewinn- und Verlustrechnung dürfen nur jene Aufwendungen und Erträge verrechnet werden, die wirtschaftlich in die Abrechnungsperiode gehören.

Bereits erhaltene Erträge (Zahlungen), die in die nächste Geschäftsperiode gehören, müssen von der GuV-Rechnung ausgeschieden und auf der Passiva-Seite der Bilanz als „Passive Rechnungsabgrenzung" passiviert werden.

PBT

Profit before tax. Englischer Begriff für Jahresergebnis vor Steuern. Wird auch EBT genannt (Earnings before tax).

PBIT

Profit before interest and tax. Englischer Begriff für Betriebsergebnis. Wird auch EBIT genannt (Earnings before interest and tax).

Periodenreines Ergebnis

Ein periodenreines Ergebnis berücksichtigt auch jene Geschäftsfälle im Jahresabschluss, die noch nicht zu einer tatsächlichen Ausgabe bzw. Einnahme (Zahlung) geführt haben. Dazu zählen Positionen wie Abschreibungen, Rückstellungen, Lieferverbindlichkeiten und Lieferforderungen.

Personengesellschaft

Zu den Personengesellschaften zählen OG, KG, die GbR und die stille Gesellschaft. Die Person der Gesellschafter als Träger von Rechten und Pflichten steht bei diesen Rechtsformen im Vordergrund. Die Gesellschafter einer OG und die Komplementäre einer KG haften persönlich, unbeschränkt und solidarisch für die Schulden des Unternehmens.

Planungsrechnung

Manchmal statt Budgetierung verwendeter Begriff.

Vorschau auf die erwarteten Einnahmen bzw. Ausgaben für Personal, Betriebsmittel, Investitionen etc., die im Unternehmen bzw. in einem Bereich voraussichtlich anfallen werden.

Preis-Absatz-Funktion

Darunter versteht man den Zusammenhang zwischen Preishöhe und abgesetzter Menge. Die Grundregel lautet: Je höher der Preis, umso geringer der Absatz (= verkaufte Menge) bzw. je niedriger der Preis, umso höher der Absatz.

Privatvermögen

Das ist jenes Vermögen, das ein Unternehmer / Gesellschafter persönlich besitzt (zB Privat-PKW, Eigentumswohnung). Einzelunternehmer, Gesellschafter einer OG und Komplementäre einer KG haften mit ihrem Privatvermögen für die Schulden des Unternehmens. Häufig verlangen Banken auch private Vermögenswerte als Sicherstellung bei der Vergabe von Unternehmenskrediten.

Produktivität

Produktivitätskennzahlen messen die Leistungsfähigkeit eines Mitarbeiters, einer Maschine, einer Abteilung, eines Unternehmens etc.

Die Produktivität wird durch eine Gegenüberstellung der hervorgebrachten Leistung (= Output) und Mitteleinsatz (= Input) berechnet. Dahinter steht die Frage: Welches Ergebnis wird mit welchem Einsatz an Mitteln erzielt?

$$\text{Produktivität} = \frac{\text{Output}}{\text{Input}}$$

Beispiele:

$$\text{Produktivität eines Sachbearbeiters} = \frac{\text{erledigte Aufträge}}{\text{Anzahl Stunden}}$$

$$\text{Produktivität eines Autos} = \frac{\text{Anzahl Kilometer}}{\text{Liter Benzin}}$$

Profit Center

Die Profit Center Rechnung ist ein betriebswirtschaftliches Steuerungsinstrument, das nicht nur die Kostenseite, sondern auch die Einnahmenseite berücksichtigt (sie wird auch Management-Erfolgsrechnung oder Ergebnisrechnung genannt).

Rechnung

Beleg, mit dem ein Unternehmen eine Lieferung oder Leistung abrechnet.

Eine Rechnung muss folgende Angaben enthalten: Name und Anschrift des Verkäufers, Name und Anschrift des Käufers, handelsübliche Bezeichnung und Menge der Ware oder Leistung, Rechnungsbetrag ohne Umsatzsteuer, Umsatzsteuerbetrag, und Umsatzsteuersatz, Rechnungsdatum und die UID Nummer. Für Kleinbetragsrechnungen gelten vereinfachte Regelungen.

Rechnungswesen

Das betriebliche Rechnungswesen dient der Erfassung, Aufzeichnung und Verarbeitung der betrieblichen Vorgänge. Daraus sollen Erkenntnisse über die Vergangenheit und Grundlagen für die Planung der Zukunft gewonnen werden.

Zum Rechnungswesen gehört die Finanzbuchhaltung, die Kostenrechnung sowie die Planung und Statistik.

Rechtsform

Jede Rechtsform bietet grundsätzliche, gesetzliche Vorgaben und regelt Rechte und Pflichten von Unternehmern bzw. Gesellschaftern. Die Wahl der Rechtsform ist eine der wichtigsten Entscheidungen bei der Unternehmensgründung.

Reichtum eines Unternehmens

Der Reichtum eines Unternehmens wird durch das Eigenkapital auf der rechten Seite der Bilanz ausgedrückt. Es sagt aus, wie viel der Vermögenswerte durch eigenes Kapital finanziert wurde bzw. dem Unternehmen gehört.

Rendite

Die Verzinsung des in eine bestimmte Veranlagungsform (zB Wertpapiere, Sparbuch, Immobilien, Unternehmensanteil) investierten Kapitals nennt man Rendite. Die Berechnungsformel lautet:

$$\text{Rendite} = \frac{\text{Gewinn}}{\text{eingesetztes Kapital}} \times 100$$

Die Rendite ist eine wichtige Kennzahl, um verschiedene Anlageformen miteinander zu vergleichen.

Rentabilität

Setzt man den erzielten Gewinn ins Verhältnis zum eingesetzten Kapital, ergibt sich die Kennzahl Rentabilität. Die Berechnungsformel lautet:

$$\text{Rentabilität} = \frac{\text{Gewinn}}{\text{eingesetztes Kapital}} \times 100$$

Je nachdem, ob es sich beim eingesetzten Kapital um das Eigenkapital oder das Gesamtkapital handelt, spricht man von Eigenkapital- bzw. Gesamtkapitalrentabilität.

Return on Investment - ROI

Return on Investment, abgekürzt ROI, ist der englische Begriff für Gesamtkapitalrentabilität. Der ROI drückt aus, wie hoch der Gewinn im Verhältnis zum gesamten im Unternehmen investierten Kapital ist. Die Berechnungsformel lautet:

$$\text{Gesamtkapitalrentabilität (ROI)} = \frac{\text{Gewinn}}{\text{Gesamtkapital}} \times 100$$

Je höher der ROI, umso besser wird mit dem zur Verfügung stehenden Gesamtkapital (= Gesamtvermögen bzw. „Investment") gewirtschaftet.

Rücklage

Rücklagen werden gebildet um für zukünftige Investitionen oder schlechtere Zeiten vorzusorgen.

Rücklagen werden vom versteuerten Gewinn gebildet. Sie zählen zum Eigenkapital und werden auf der rechten Seite der Bilanz ausgewiesen. (Rücklagen dürfen nicht mit Rückstellungen verwechselt werden)

Rückstellungen

Rückstellungen werden für mit hoher Wahrscheinlichkeit auf ein Unternehmen zukommende Zahlungen gebildet. Die exakte Höhe dieser Zahlungen und der genaue Zeitpunkt der Fälligkeit sind (im Gegensatz zu den Lieferverbindlichkeiten) unbekannt (zB Rückstellung für Prozesskosten oder für Abfertigungszahlungen an Mitarbeiter).

Rückstellungen zählen zum Fremdkapital, sie werden auf der rechten Seite der Bilanz ausgewiesen.

Für Experten: Die Bildung von Rückstellungen vermindert den zu versteuernden Gewinn. Stellt sich heraus, dass eine bereits gebildete Rückstellung nicht gebraucht wird (zB weil kein Zahlungsfall eintritt) oder dass sie zu hoch ist, muss sie gewinnerhöhend wieder aufgelöst werden.

Schlussbilanz

Bilanz, die am Ende eines Geschäftsjahres erstellt wird.

Ein Geschäftsjahr muss nicht am 31.12. enden, sondern kann auch vom kalendermäßigen Jahresende abweichen.

Selbstkosten

Die Selbstkosten beinhalten sämtliche Kosten, die für die Erstellung eines Produktes oder einer Leistung anfallen. Die Selbstkosten der Produkte und Leistungen (= Kostenträger) zu berechnen, ist eine der wichtigsten Aufgaben der Kostenrechnung, im Speziellen der Kostenträgerrechnung bzw. der Kalkulation.

Sicherheiten

Sicherheiten beim Kreditgeschäft: Durch die Besicherung eines Kredites sorgt der Kreditgeber dem Risiko vor, dass der Kreditnehmer seinen Rückzahlungsverpflichtungen (Zinsen und Kreditrate) nicht nachkommen kann oder will. Damit sichert sich der Kreditgeber das Recht, im Nichtzahlungsfall auf Vermögenswerte des Kreditnehmers zugreifen zu können. Zur Besicherung eignen sich insbesondere Immobilien (Gebäude, Grundstücke); auch Bürgschaften, Wertpapiere oder Forderungen dienen der Besicherung von Krediten.

Skonto

Ein Skonto ist ein Preisnachlass für die Bezahlung einer Rechnung innerhalb einer kurzen Frist (ohne Ausnutzung des Zahlungsziels).

Lauten die Zahlungsbedingungen eines Lieferanten „zahlbar innerhalb von 30 Tagen oder 10 Tage mit 2% Skonto" bedeutet das: wird innerhalb von 10 Tagen bezahlt, können vom Rechnungsbetrag 2% abgezogen werden.

Solidarische Haftung

Die solidarische Haftung ist eine verschärfte Haftungsbestimmung und bedeutet Folgendes: Ein Gläubiger hat das Recht, seine gesamten Forderungen von jedem einzelnen Gesellschafter einzutreiben. Jeder einzelne Gesellschafter muss mit seinem gesamten Privatvermögen für sämtliche Schulden des Unter-

nehmens gerade stehen. Die Solidarhaftung erhöht die Kreditwürdigkeit.

Soll

Die Soll-Seite entspricht der linken Seite der Bilanz (Vermögensseite) sowie der linken Seite (Aufwandseite) der Gewinn-Verlust-Rechnung in Kontenform.

Soll-Ist-Vergleich

Der Soll-Ist-Vergleich dient zur Kontrolle, ob vorgegebene Ziele (zB Kosteneinsparung, Umsatzziel, Mindestgewinn etc.) erreicht wurden. Dazu werden die geplanten Soll-Werte den Ist-Werten gegenübergestellt.

Stammkapital

Für GmbHs schreibt der Gesetzgeber ein Stammkapital vor.

Die Aufbringung erfolgt durch Kapitaleinlagen der Gesellschafter, Stammeinlagen genannt.

Steuerminderung

Je höher ein erwirtschafteter Gewinn, desto höher die Steuerzahlung. Daher sind Unternehmen bestrebt, die Basis für die Berechnung der Steuern, also den Gewinn, durch verschiedene Maßnahmen zu vermindern (zB durch die Bildung von Rückstellungen, durch das Vorziehen von Ausgaben, die in voller Höhe als gewinnmindernder Aufwand verbucht werden, durch das Ausnutzen von steuerlichen Gestaltungsspielräumen usw.).

Steuern

Steuern sind die wichtigste Einnahmequelle für den Staat.

Steuerrecht

Die Vorschriften für den Jahresabschluss nach Steuerrecht (Steuerbilanz) dienen dem Ziel, für die Ermittlung des zu versteuernden Gewinns einheitliche Grundsätze vorzugeben, um eine weit gehend gerechte Besteuerung der Unternehmen zu sichern.

Grundlage für die Steuerbilanz bildet die Handelsbilanz. Unterschiede ergeben sich durch teils verschiedene Wertansätze des Vermögens bzw. des Fremdkapitals.

Stille Gesellschaft

Ein Stiller Gesellschafter stellt einem Unternehmen Kapital zur Verfügung und ist dafür am Gewinn beteiligt. Macht das Unternehmen Verluste, erhält der Stille Gesellschafter kein Geld. Diese Beteiligung ist bei allen Rechtsformen möglich. Der Name kommt daher, dass die Stille Gesellschaft für außenstehende Personen nicht erkennbar ist, sie scheint nach außen nicht auf. Ein Stiller Gesellschafter hat in der Regel keine Mitspracherechte, sein Risiko ist auf seine Kapitaleinlage beschränkt.

Stille Reserven

Stille Reserven bzw. Stille Rücklagen ergeben sich zB durch eine Unter-bewertung von Vermögensteilen eines Unternehmens. Sie sind die Differenz zwischen dem in der Bilanz ausgewiesenen Wert (Buchwert) und dem tatsächlichen Wert („Verkaufswert") eines Vermögensgutes.

Beispiel: Ein Grundstück, das vor 20 Jahren gekauft wurde, wird - auf Grund gesetzlicher Vorgaben - nach wie vor zum damaligen Anschaffungswert von 100.000 Euro in der Bilanz geführt, obwohl sich durch die Steigerung der Grundstückspreise ein Verkaufswert von 200.000 Euro ergeben würde.

Teilkostenrechnung

Die Teilkostenrechnung beschränkt sich bei der Zuteilung der Kosten auf diejenigen Kosten, die eindeutig einem einzelnen Kostenträger oder einer einzelnen Kostenstelle zugeordnet werden können (das sind die direkten Kosten bzw. die Einzelkosten).

Überschuldung

Von einer Überschuldung eines Unternehmens spricht man dann, wenn die Bilanz ein höheres Fremdkapital (= Schulden) ausweist als die Summe aller Vermögenswerte. Die Differenz wird als „negatives Eigenkapital" bezeichnet.

Umlaufvermögen

Zum Umlaufvermögen zählen jene Vermögenswerte, die einem Unternehmen nur kurzfristig zur Verfügung stehen, da sie verarbeitet, verkauft oder verbraucht werden. Dazu gehören zB Handelswaren, Rohstoffe, Kassa-, und Bankguthaben, Lieferforderungen usw.

Umsatz

Der Umsatz, auch Verkaufserlös genannt, ergibt sich aus der verkauften Menge eines Produkts (einer Dienstleistung) multipliziert mit dem erzielten Verkaufspreis.

$$\text{Umsatz} = \text{Verkaufspreis} \times \text{verkaufte Menge}$$

Achtung! Umsatz ist nicht gleich Gewinn! Umsätze werden als Ertrag in der Gewinn- und Verlustrechnung verbucht.

Umsatzrentabilität

Die Umsatzrentabilität drückt aus, wie viel Prozent des erwirtschafteten Umsatzes als Gewinn übrig bleibt. Die Berechnungsformel lautet:

$$\text{Umsatzrentabilität} = \frac{\text{Gewinn}}{\text{Umsatz}} \times 100$$

Sie ist eine wichtige Kennzahl zur Beurteilung, wie gut in einem Unternehmen mit den zur Verfügung stehenden Mitteln gewirtschaftet wird. Es wird eine hohe Umsatzrentabilität angestrebt.

Umsatzsteuer

Die Umsatzsteuer, auch Mehrwertsteuer genannt, ist jene Steuer, die ein Unternehmen von seinen Umsätzen (verkaufte Waren / Leistungen) an dass Finanzamt abführen muss.

Variable Kosten

Variable Kosten ändern sich sofort, wenn mehr, weniger oder gar nichts produziert wird. Die Höhe der variablen Kosten ist abhängig vom Beschäftigungsgrad des Unternehmens.

Beispiele für typische variable Kosten: Materialverbrauch, Handelswarenverbrauch (Wareneinsatz), Verbrauch an Roh-, Hilfs- und Betriebsstoffen, der tatsächliche Stromverbrauch, etc.

Zusätzliche Kosten, die durch die Erstellung einer zusätzlichen Leistung entstehen, werden auch Grenzkosten genannt. Die Grenzkosten werden oft auch als „zusätzliche variable Kosten" bezeichnet.

Verkaufserlös

Der Verkaufserlös, auch Umsatzerlös oder Umsatz genannt, ergibt sich aus der verkauften Menge eines Produkts / einer Dienstleistung multipliziert mit dem erzielten Verkaufspreis.

Verkaufserlös = Verkaufspreis x verkaufte Menge

Verlust

Hat ein Unternehmen einen Verlust erwirtschaftet, kann die GuV-Rechnung in Staffelform genauere Aufschlüsse darüber geben, wodurch der Verlust entstanden ist.

Der Begriff „Verlust" kann unterschiedliche Bedeutungen haben je nachdem welche Verlustdefinition zugrunde gelegt wird (zB negatives Betriebsergebnis, negatives EGT oder Jahresfehlbetrag).

Vermögen

Die linke Seite einer Bilanz, auch Vermögensseite oder Aktiva genannt, zeigt, welche Vermögenswerte in einem Unternehmen stecken. Das Vermögen wird in Anlage- und Umlaufvermögen gegliedert.

Verschuldungsgrad

Der Verschuldungsgrad drückt aus, wie hoch der Anteil des Kapitals ist, der dem Unternehmen von fremden Kapitalgebern zur Verfügung gestellt wird, bzw. anders formuliert, wie viel Prozent des Gesamtkapitals fremden Kapitalgebern gehören.

Die Berechnungsformel lautet:

$$\text{Verschuldungsgrad} = \frac{\text{Fremdkapital}}{\text{Gesamtkapital}} \times 100$$

Diese Kennzahl ist ein wichtiges Kriterium zur Beurteilung der Kreditwürdigkeit eines Unternehmens.

Je niedriger der Verschuldungsgrad, umso besser ist die Kreditwürdigkeit (Bonität) des Unternehmens.

Verzinsung

Unter „Verzinsung des eingesetzten Kapitals" versteht man das Verhältnis des Gewinns zum Kapital, das notwendig war, um diesen Gewinn zu erwirtschaften. Die Berechnungsformel lautet:

$$\text{Verzinsung} = \frac{\text{Gewinn}}{\text{eingesetztes Kapital}} \times 100$$

Vollkostenrechnung

Die Vollkostenrechnung versucht, sämtliche Kosten auf einzelne Produkte, Aufträge, Leistungen (= Kostenträger) bzw. auf einzelne Kostenstellen möglichst verursachungsgerecht aufzuteilen und auf diese Weise die Höhe der Kosten zu ermitteln.

Vorräte

Lagerbestand an Waren, Roh-, Hilfs- und Betriebsstoffen; zählt zum Umlaufvermögen auf der Aktivaseite der Bilanz.

Warenbestand

Lagerbestand an Waren (Handelswaren); auf der Aktivaseite der Bilanz ausgewiesen.

Wareneinsatz

Verbrauch an Waren (Handelswaren); in der GuV-Rechnung als Aufwand ausgewiesen.

Wertpapier

Urkunden, die Vermögensrechte verbriefen, heißen Wertpapiere. Dazu zählen z.B. Aktien oder Anleihen. Aktien verbriefen die Beteiligung an einer Aktiengesellschaft sowie das Recht auf einen jährlichen Gewinnanteil (= Dividende).

Anleihen verbriefen das Recht auf Rückzahlung eines eingezahlten Betrages zu einem bestimmten Termin sowie auf Zahlung eines vereinbarten Zinsertrags. Anleihen werden vom Staat, von Ländern, Gemeinden, Kreditinstituten oder großen Gesellschaften ausgegeben, um große Investitionsvorhaben zu finanzieren.

Wertverlust

Der Wertverlust, dem ein abnutzbares Anlagegut (zB Gebäude, Maschinen, Fahrzeuge, etc.) unterliegt, besteht aus zwei Komponenten: dem Wertverlust durch Gebrauch und dem Wertverlust unabhängig von der Benutzung (Veralterung) – er wird in Form der Abschreibung in der Buchhaltung berücksichtigt.

Keine Abschreibung erfolgt für nicht abnutzbare Anlagevermögen, dazu zählen zB Grundstücke.

Wiederbeschaffungswert

Darunter versteht man den Preis, der für die Ersatzbeschaffung eines ausgeschiedenen Anlagegutes bezahlt werden muss.

Dieser kann höher (bedingt durch Preissteigerungen), aber auch niedriger (bedingt durch Preissenkungen), als der Anschaffungspreis des zu ersetzenden Anlagegutes sein.

Der Wiederbeschaffungswert dient in der Kostenrechnung als Basis für die Berechnung der kalkulatorischen Abschreibung.

Zahlungsziel

Darunter versteht man die Frist, die ein Unternehmen seinem Kunden für die Begleichung einer Rechnung setzt.

Eine Lieferung oder Leistung an einen Kunden, der die Rechnung nicht sofort bezahlt, nennt man Zielgeschäft. Fallen Lieferung und Zahlung zusammen, spricht man von Bargeschäft.

Ziele

Die Hauptziele eines Unternehmens sind das Erreichen des Rentabilitäts- und des Liquiditätsziels.

Diese können nur erreicht werden, wenn ausreichende Produktivität und Wettbewerbsfähigkeit des Unternehmens gegeben sind.

Zinsen

Zinsen sind der Preis, der zu bezahlen ist, damit für einen bestimmten Zeitraum Kapital zur Verfügung gestellt wird. Der Prozentsatz, der regelmäßig vom Kapital an Zinsen zu bezahlen ist, wird als Zinssatz bezeichnet.

z.B. Ein jährlicher Zinssatz von 5 % von 100.000 Euro bedeutet, dass jährlich 5000 Euro an Zinsen zu bezahlen sind.